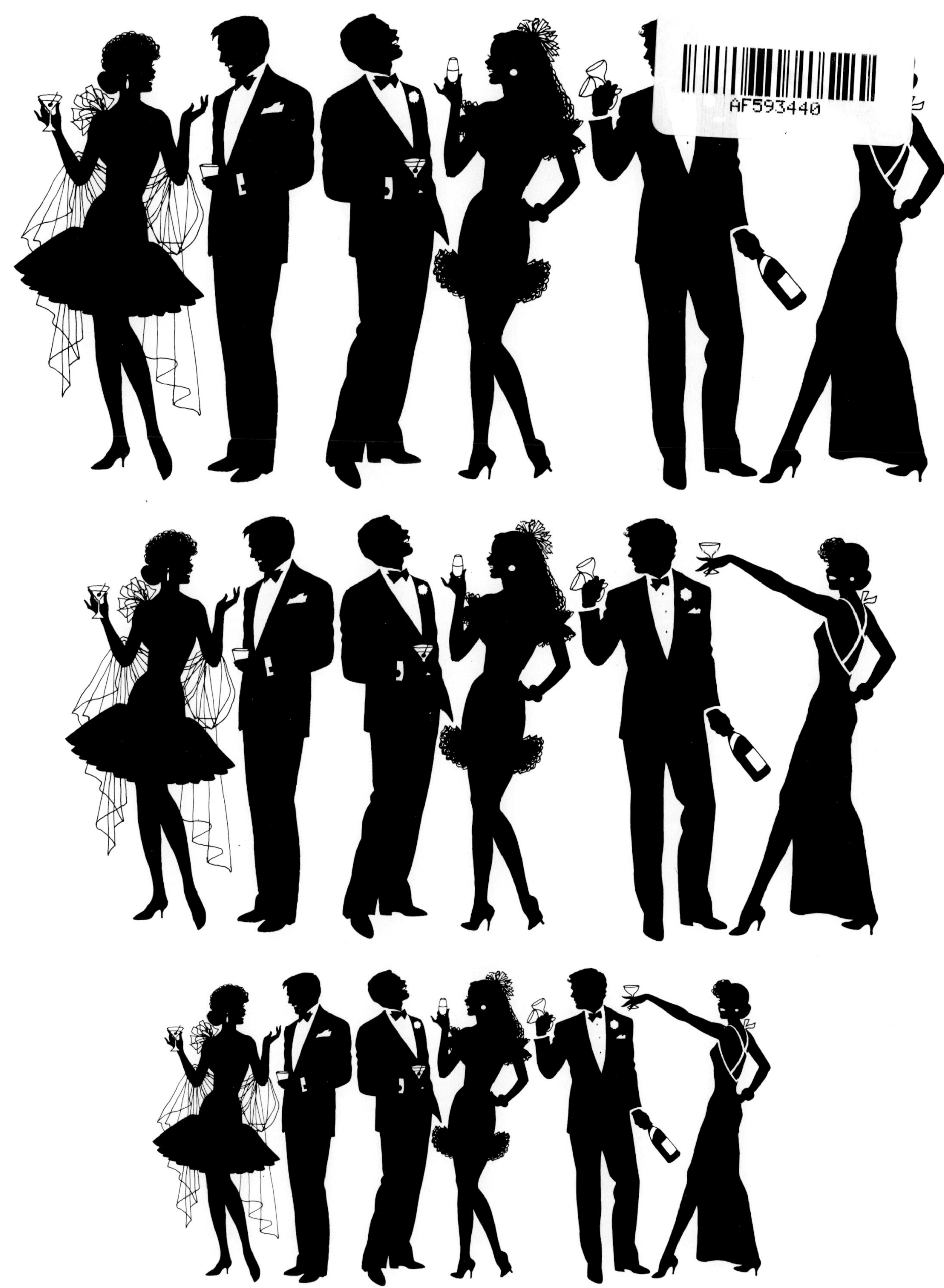

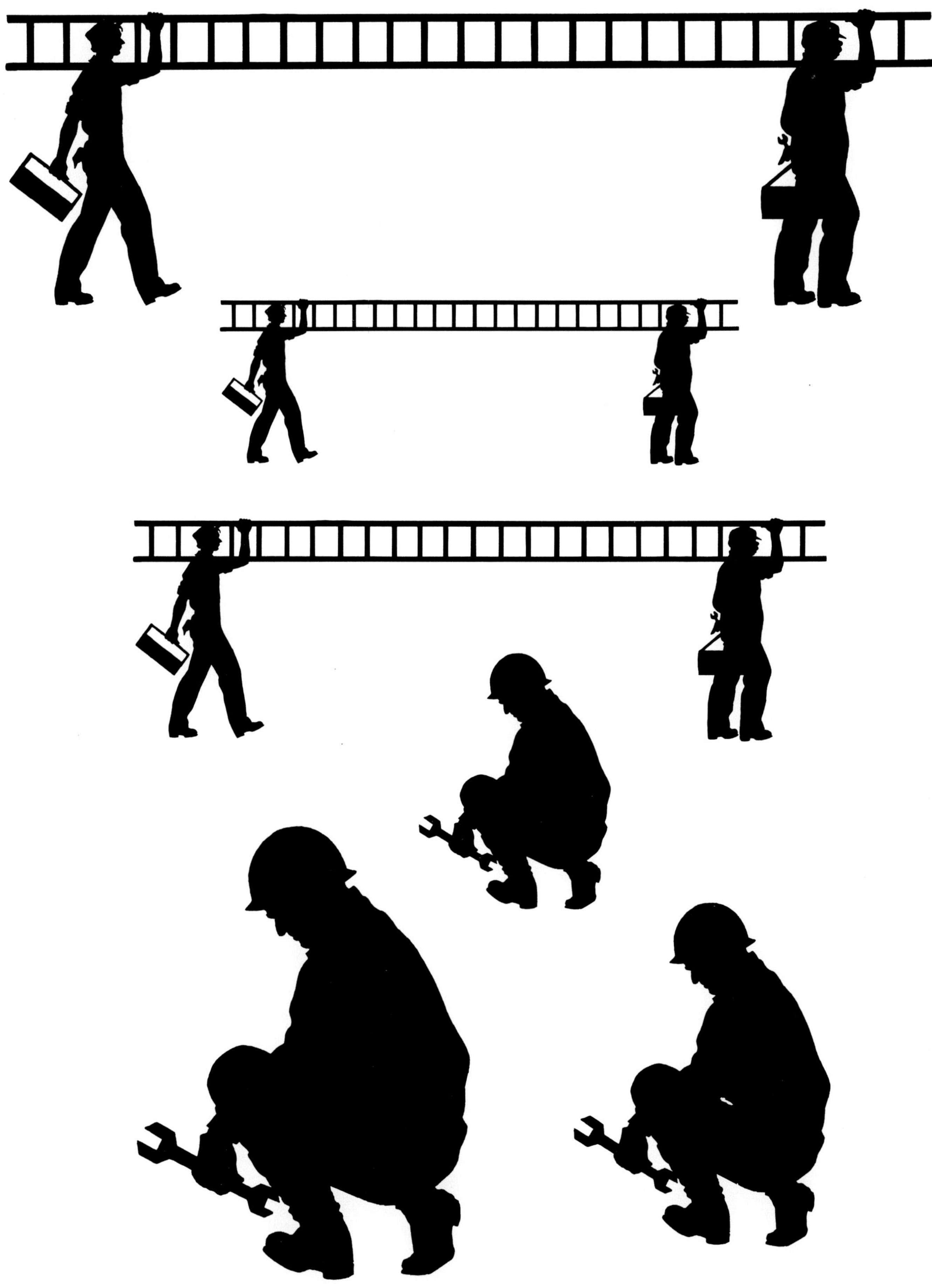

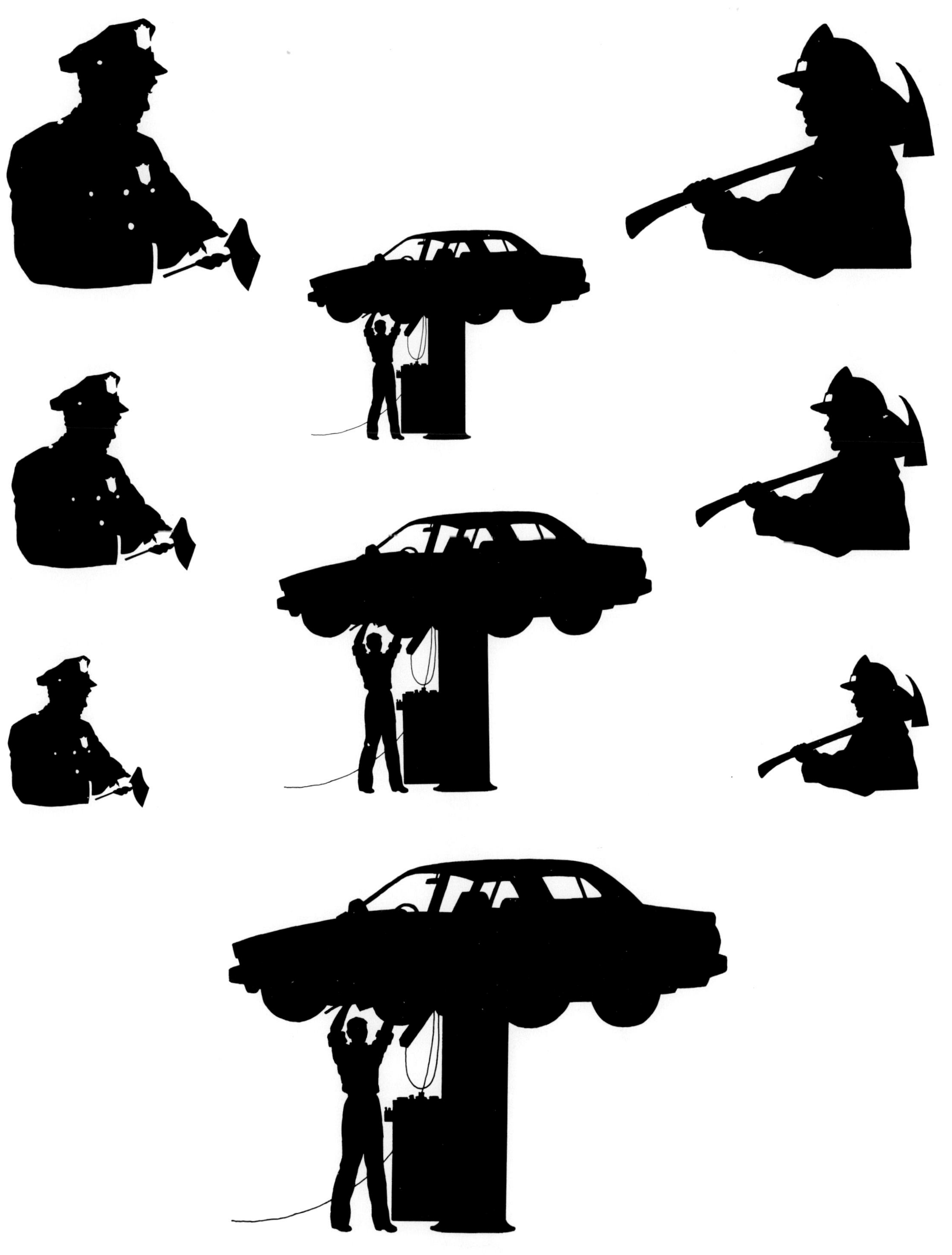

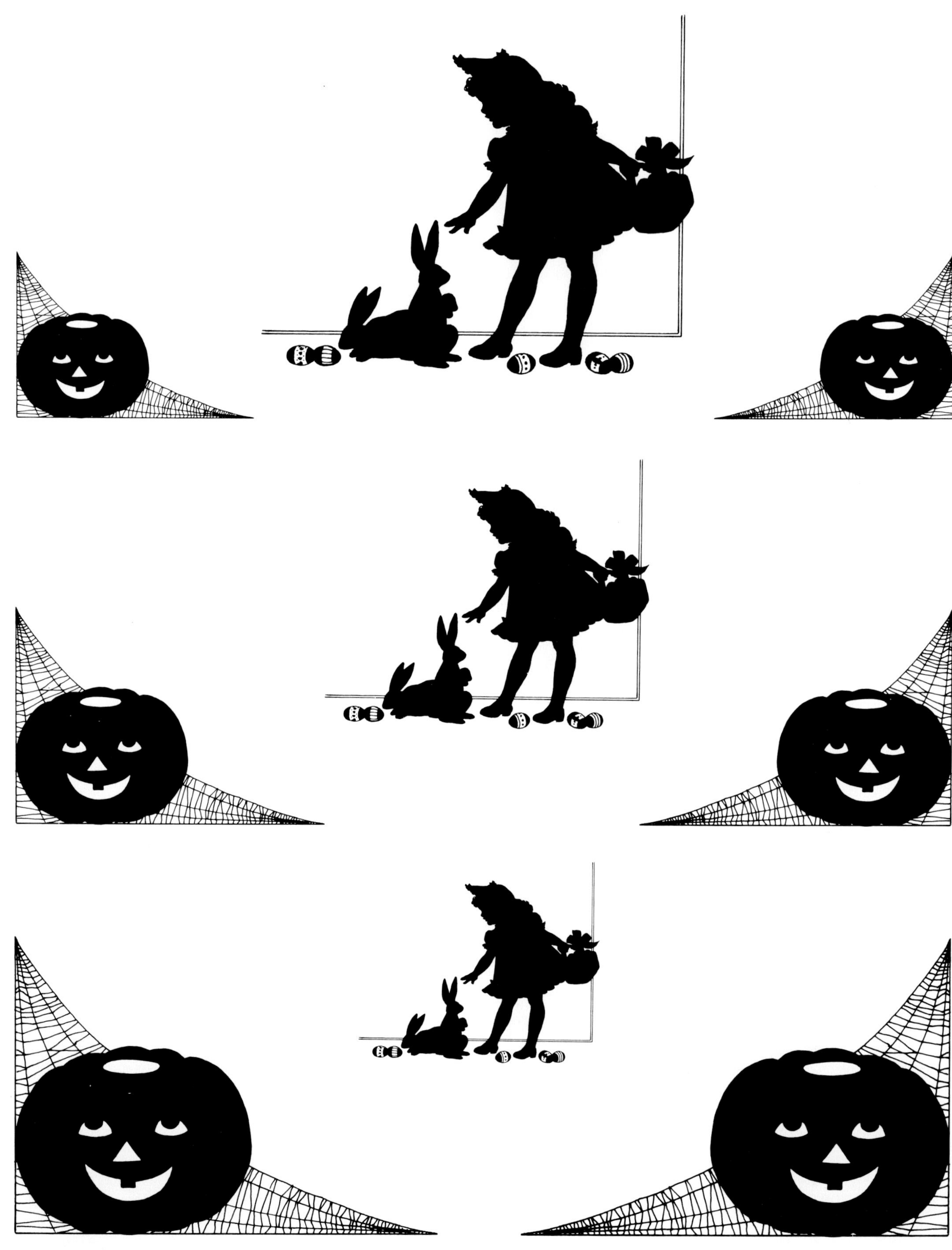

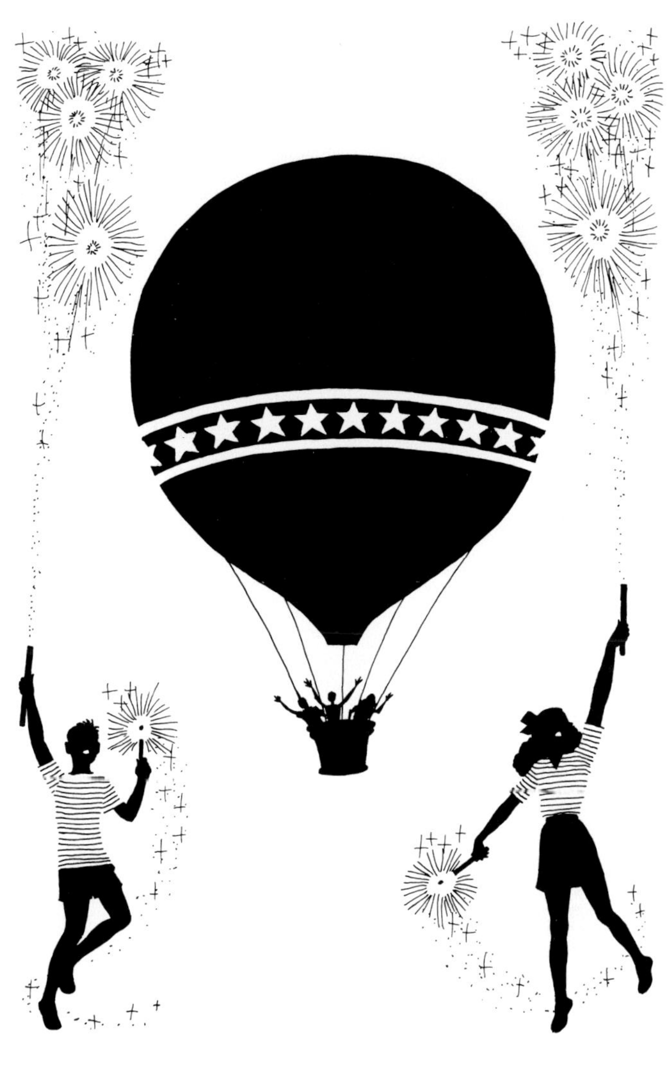

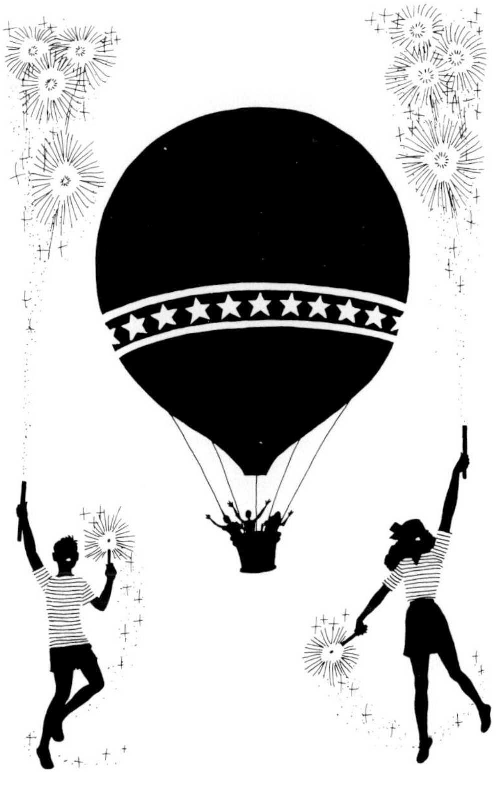

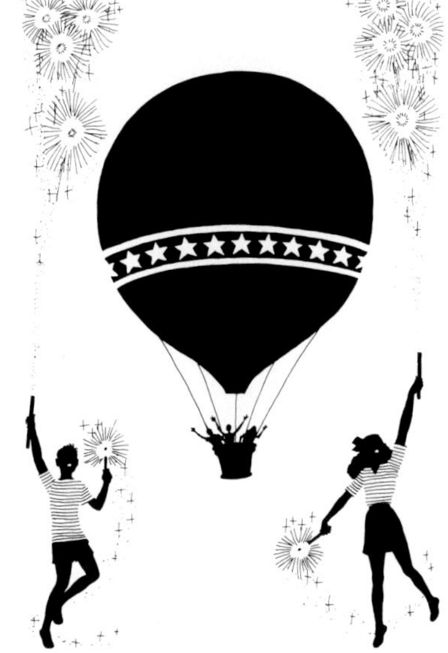

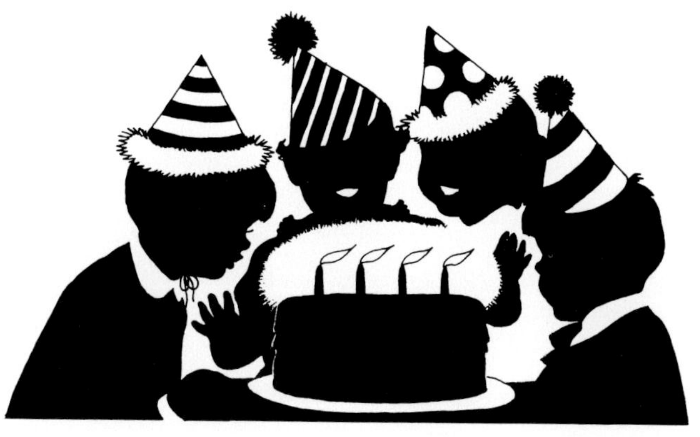

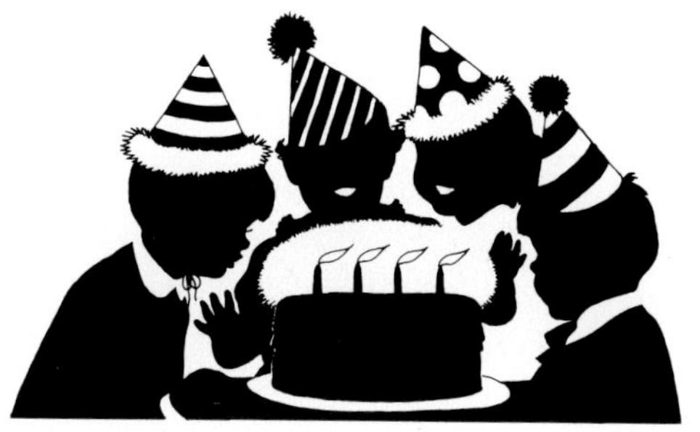

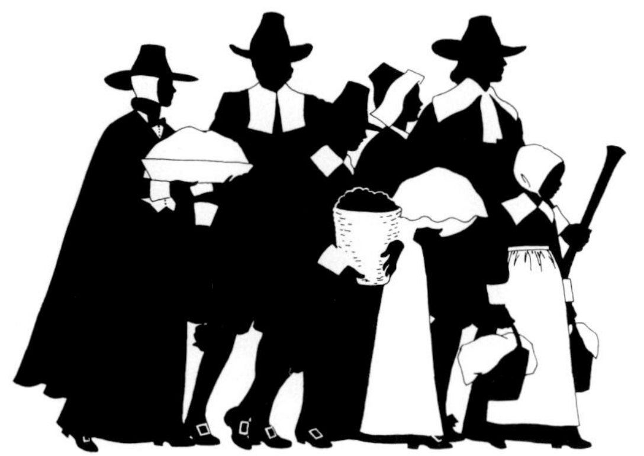
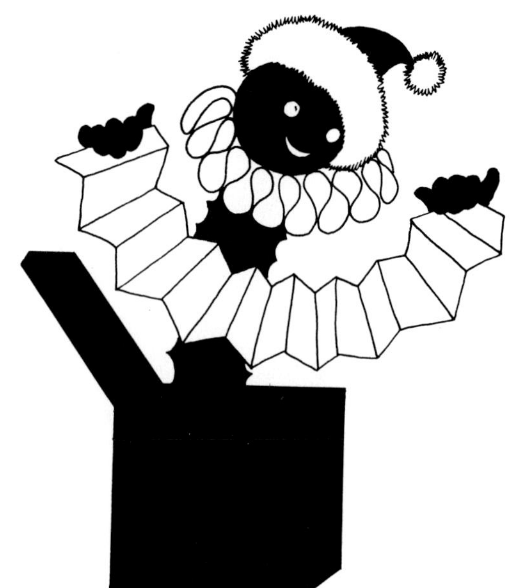
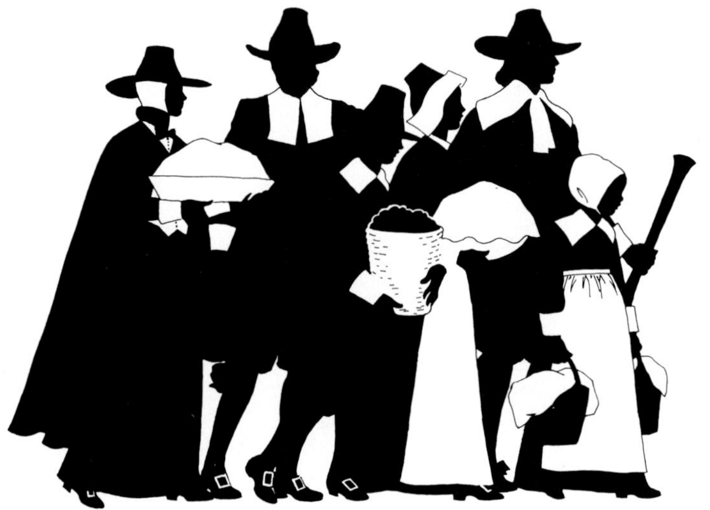
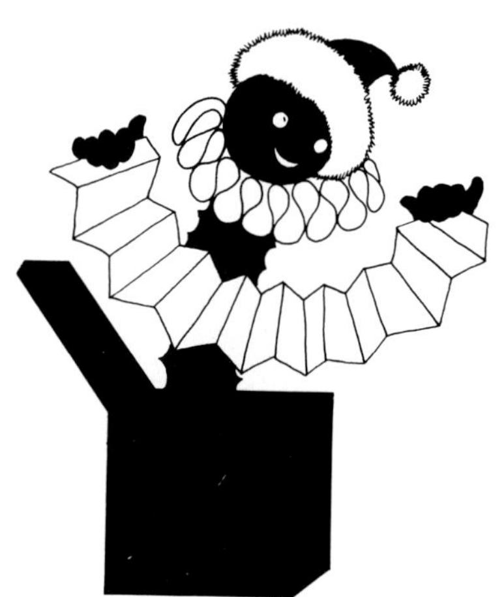
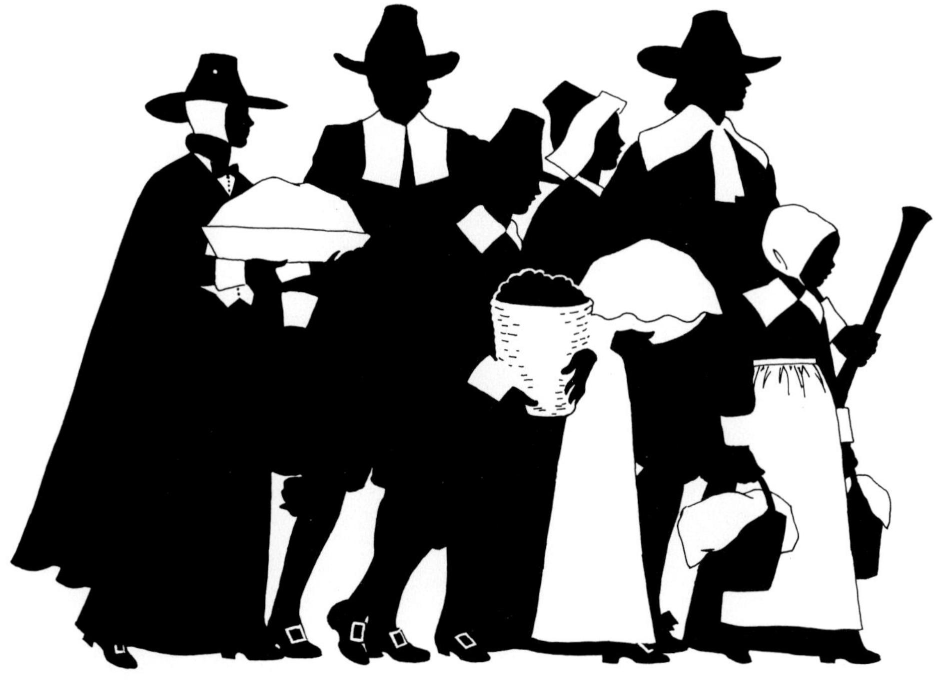
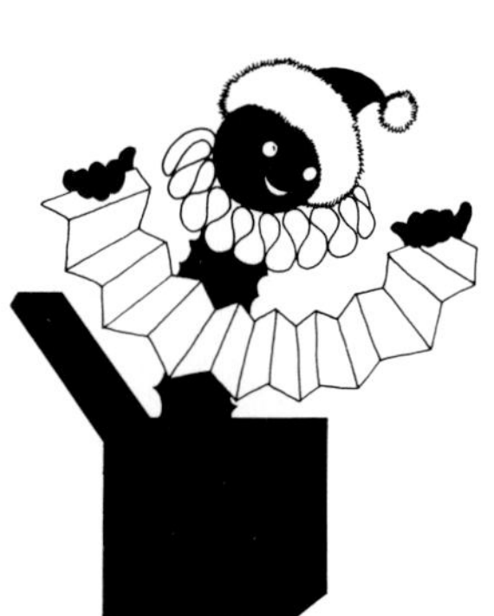

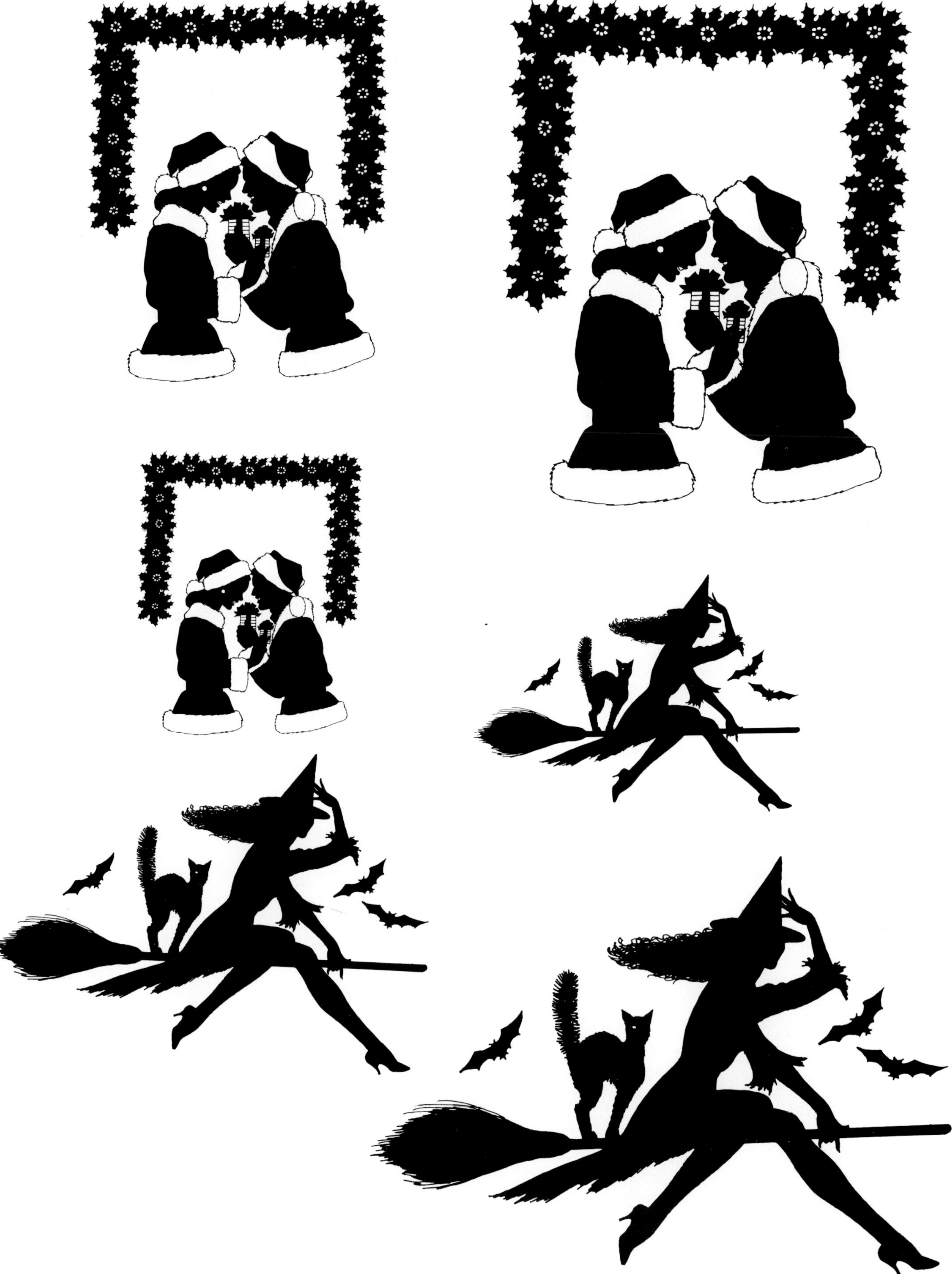

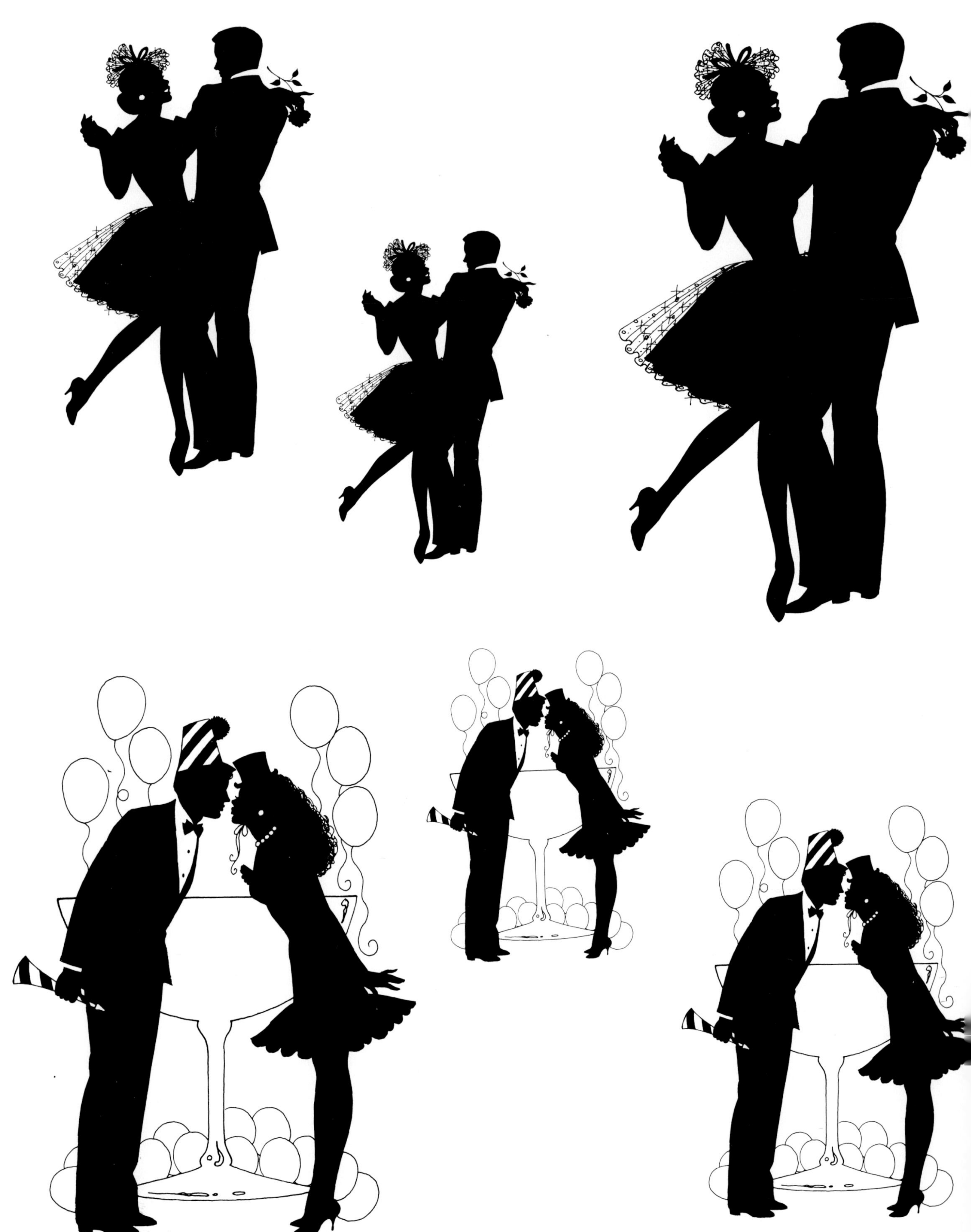

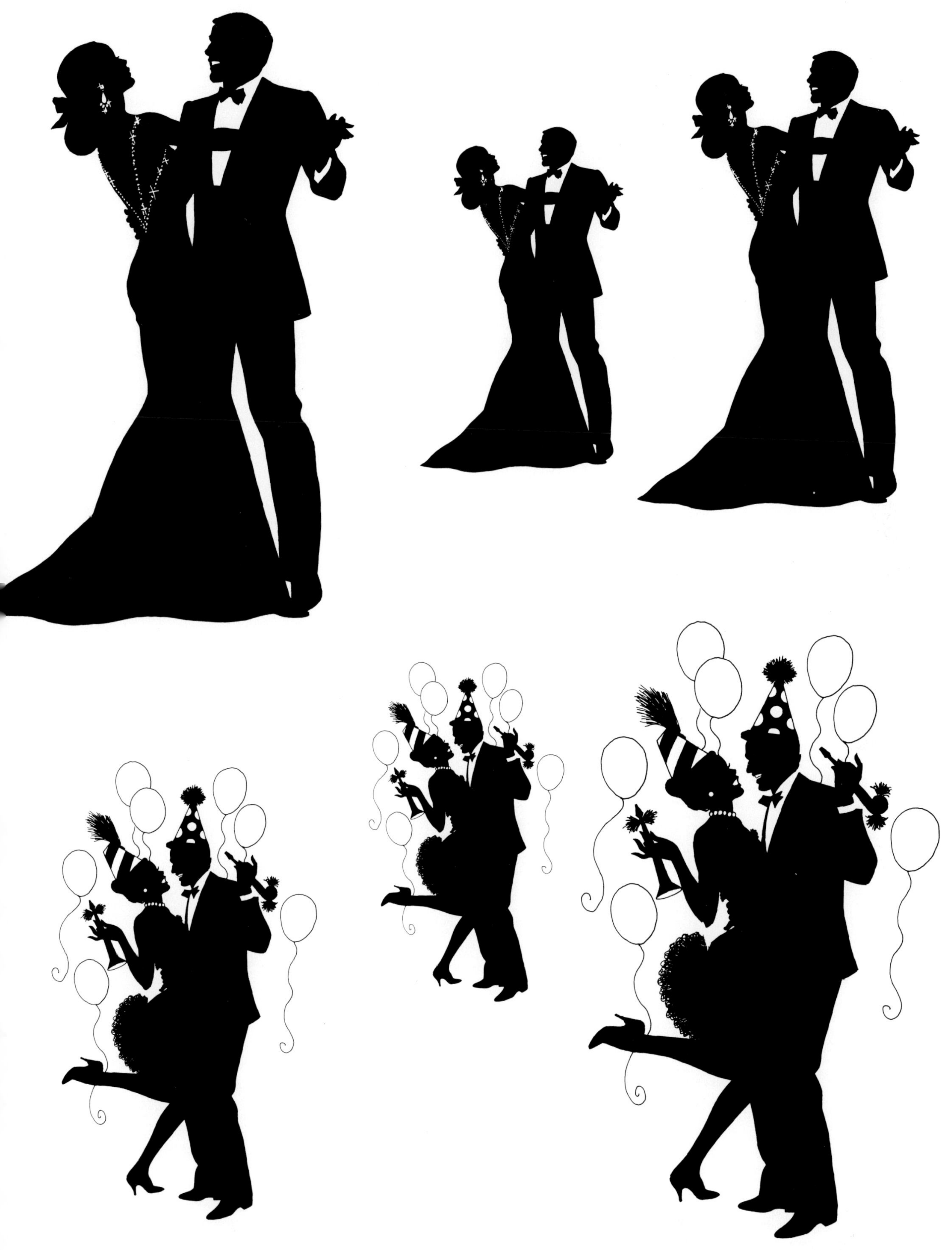

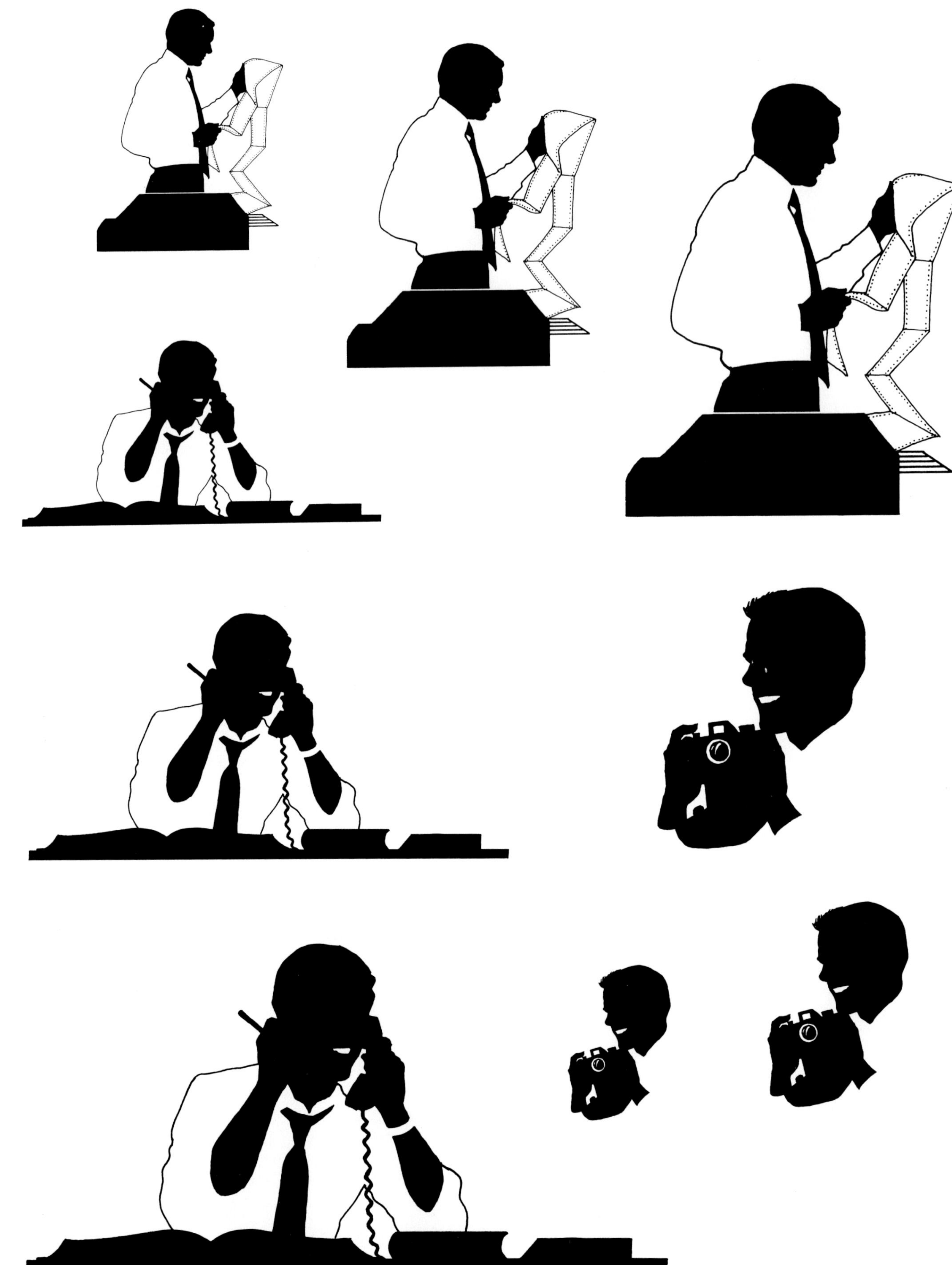

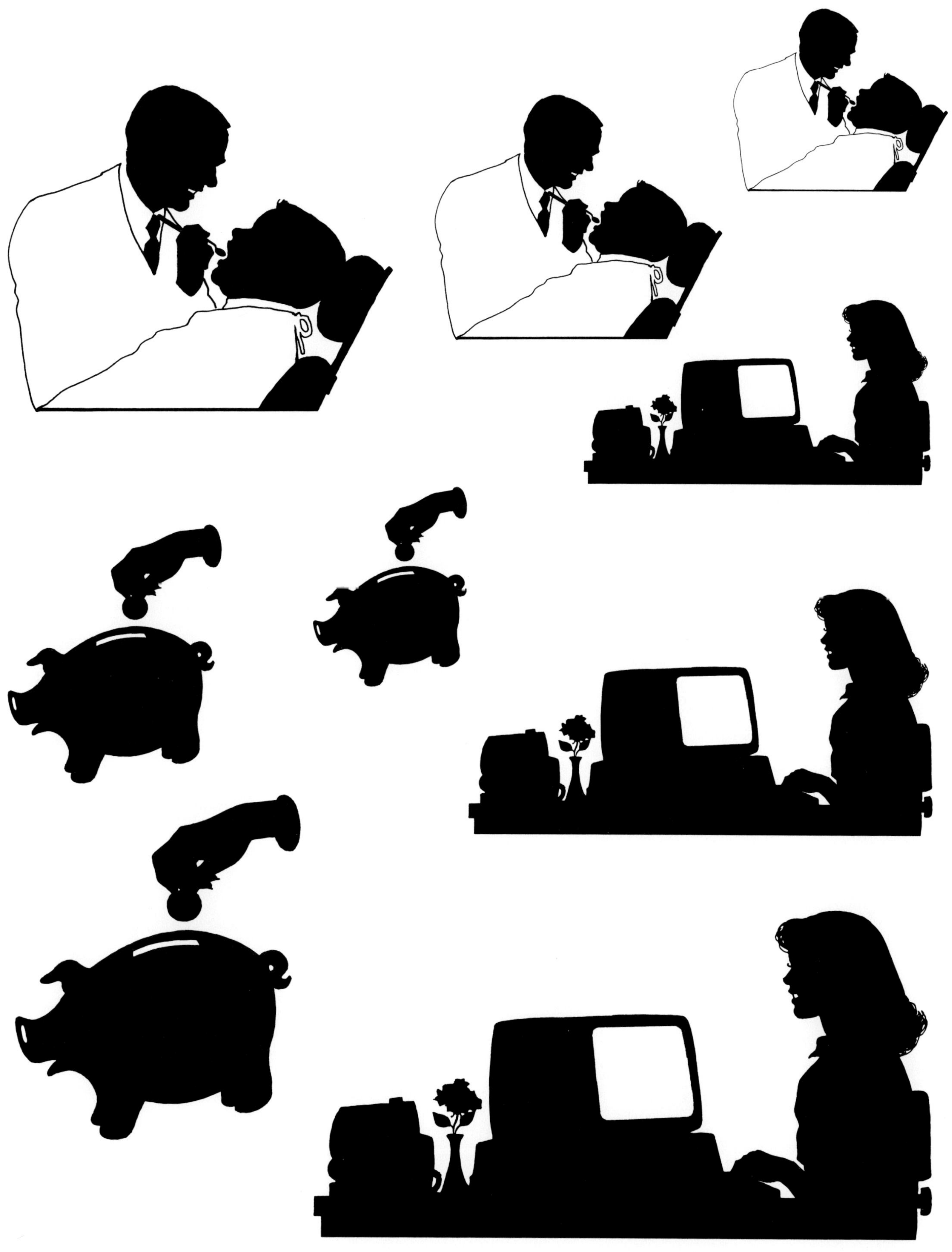

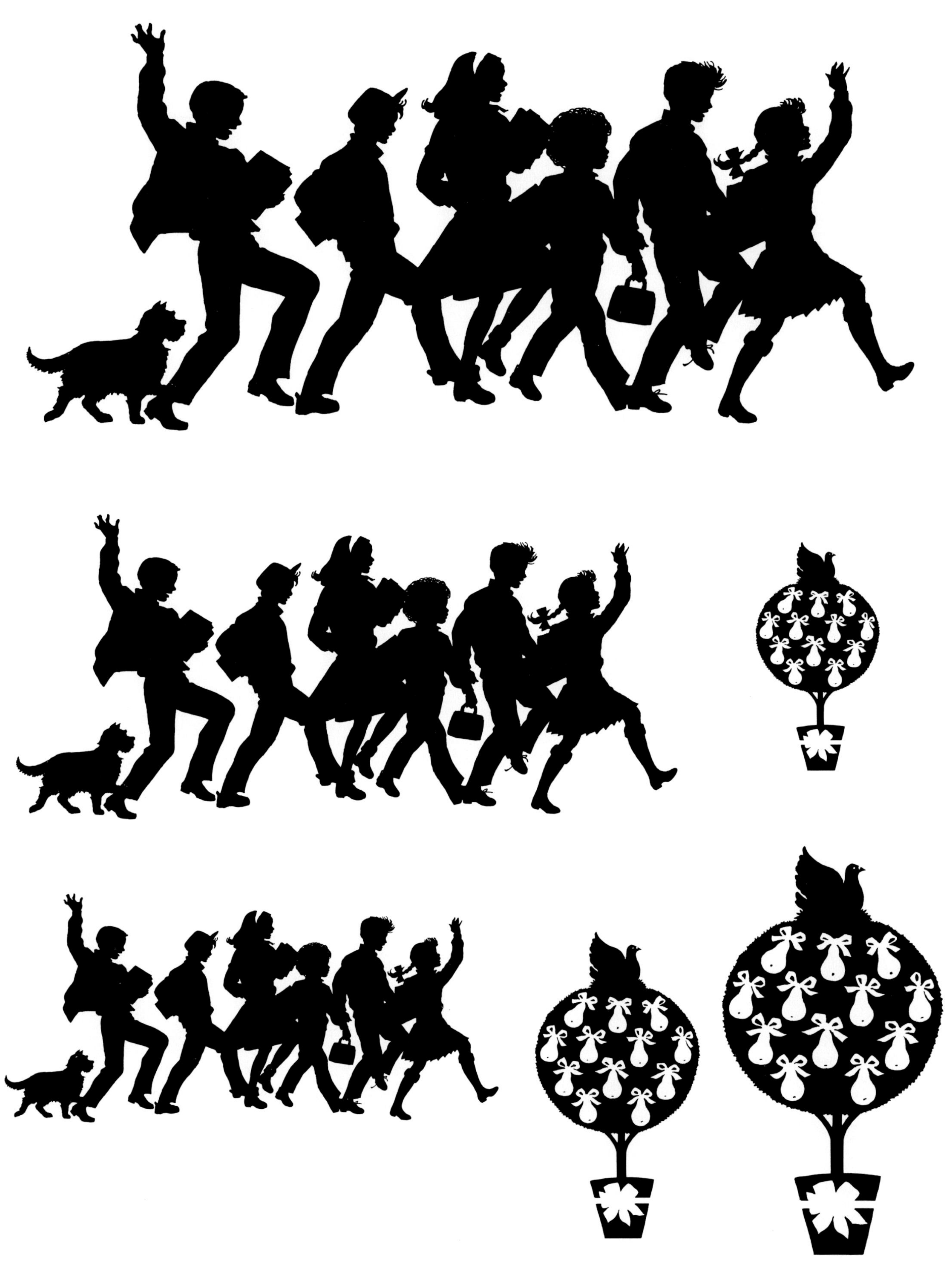

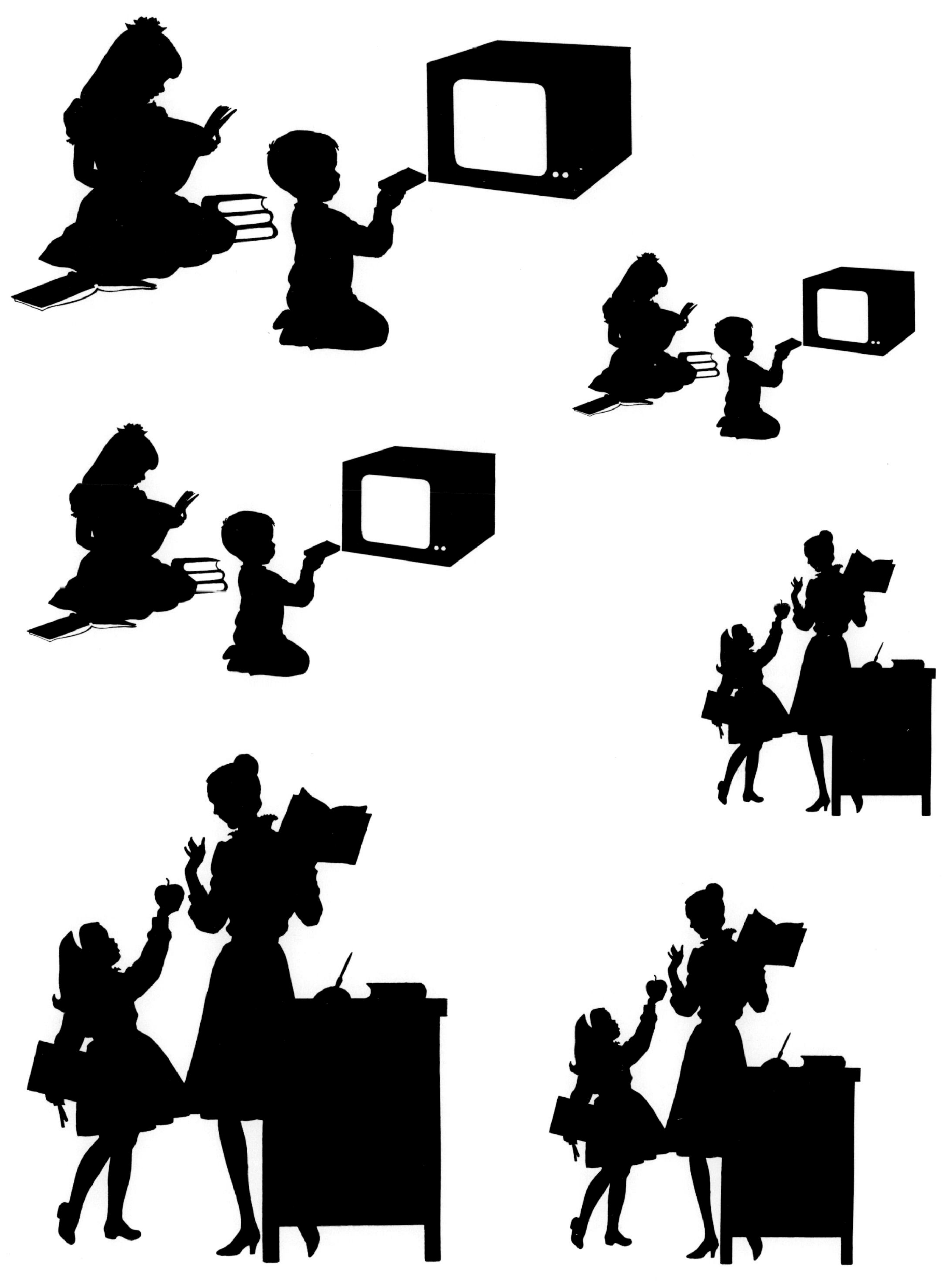

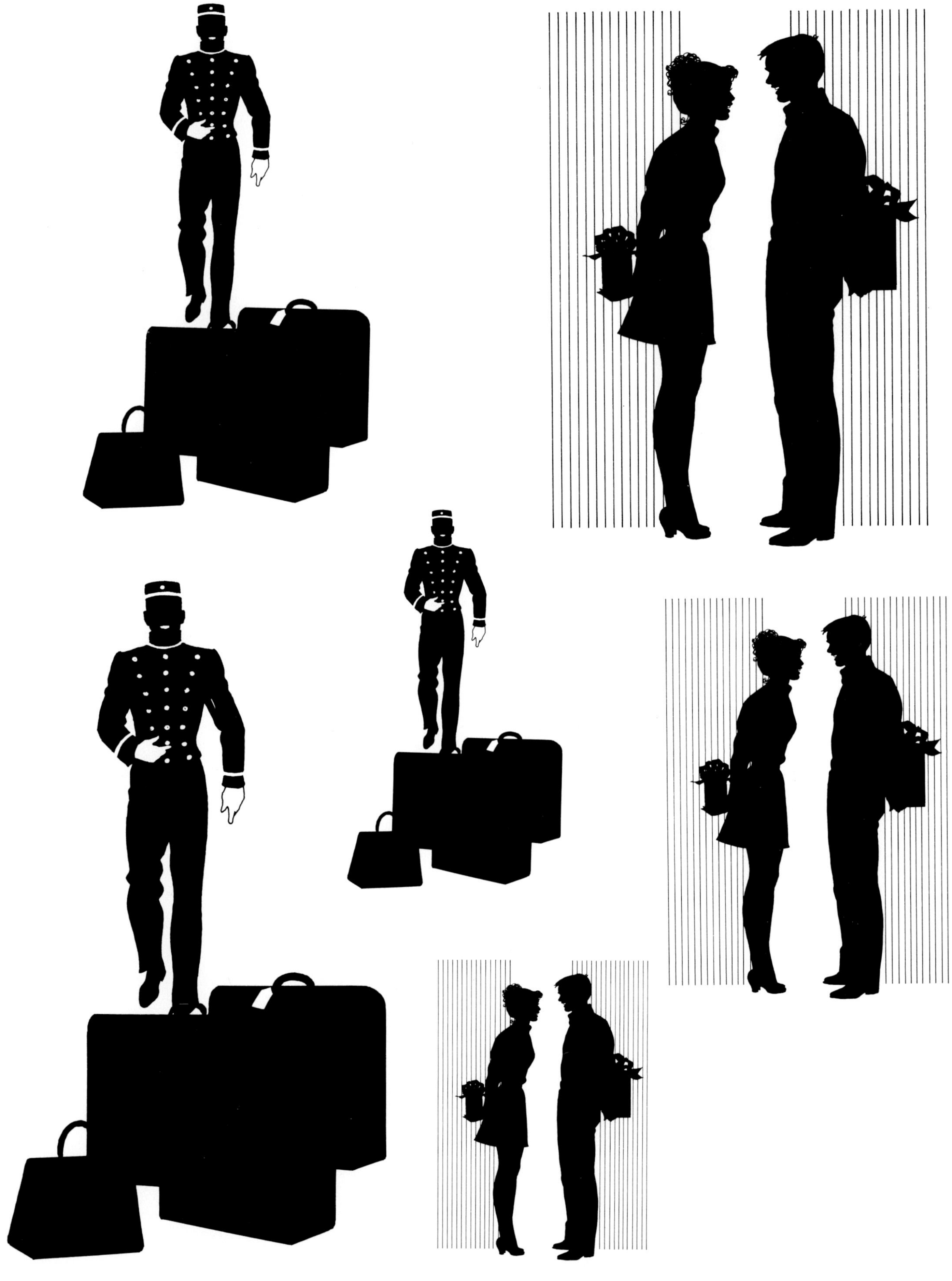

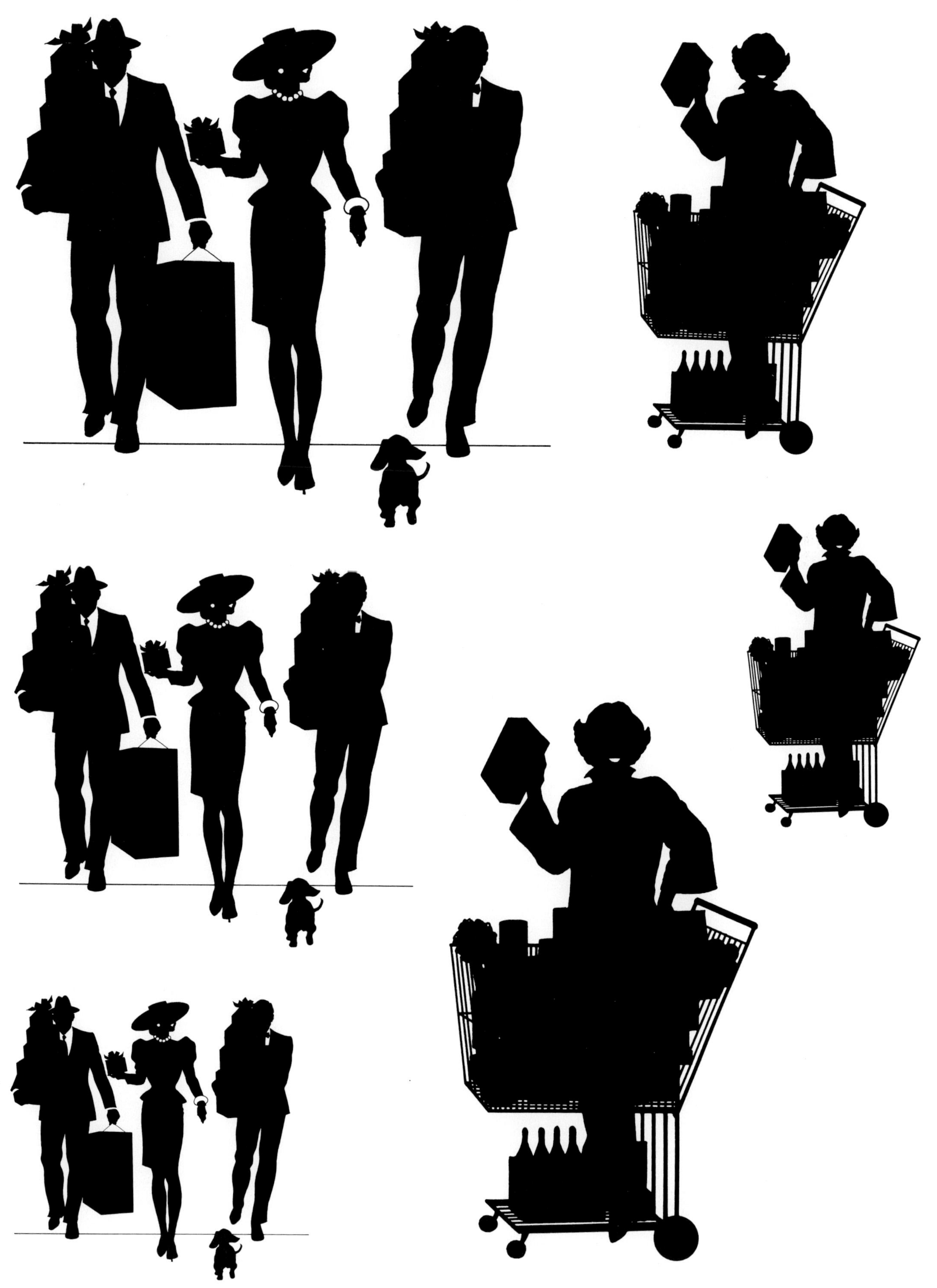

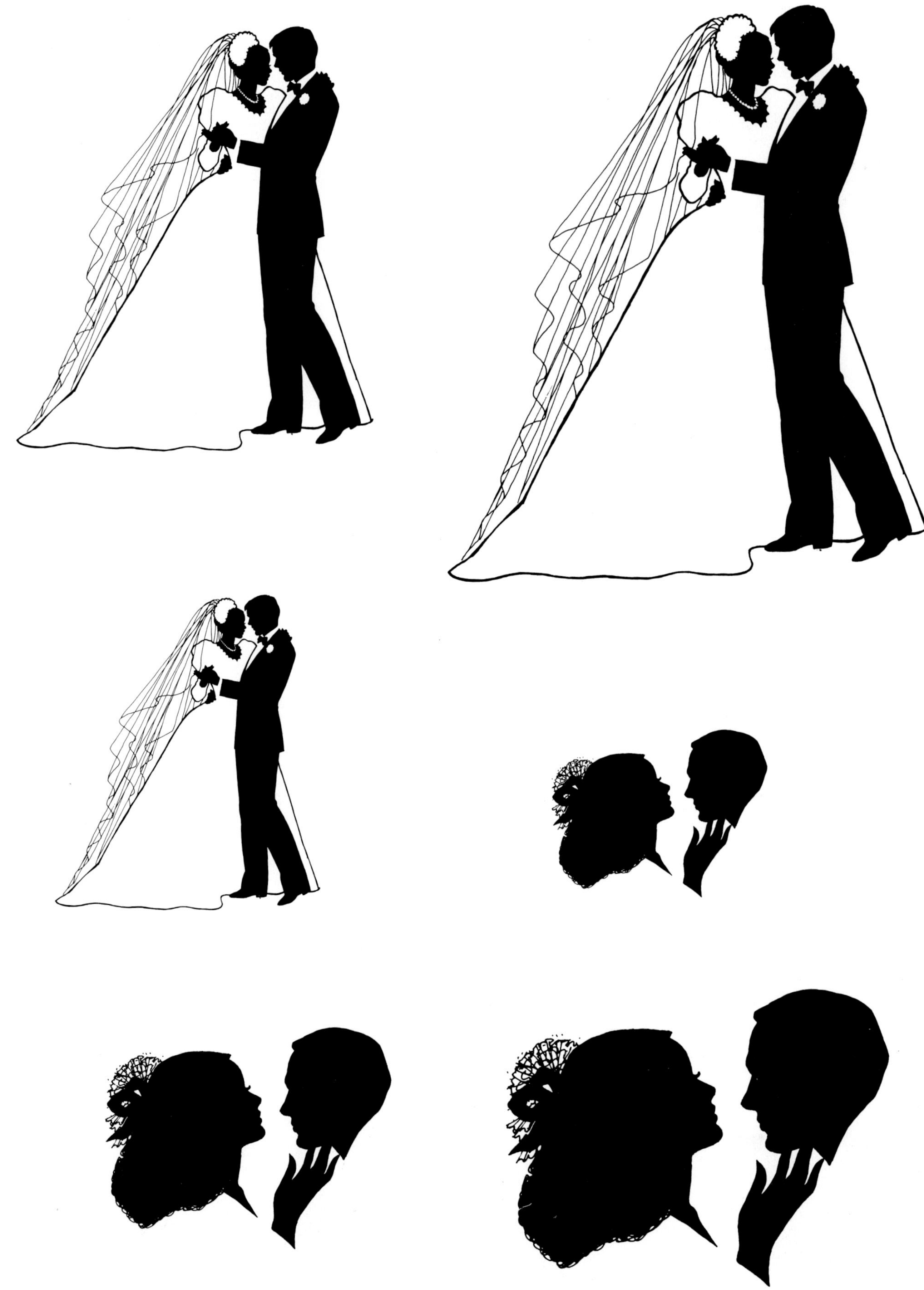

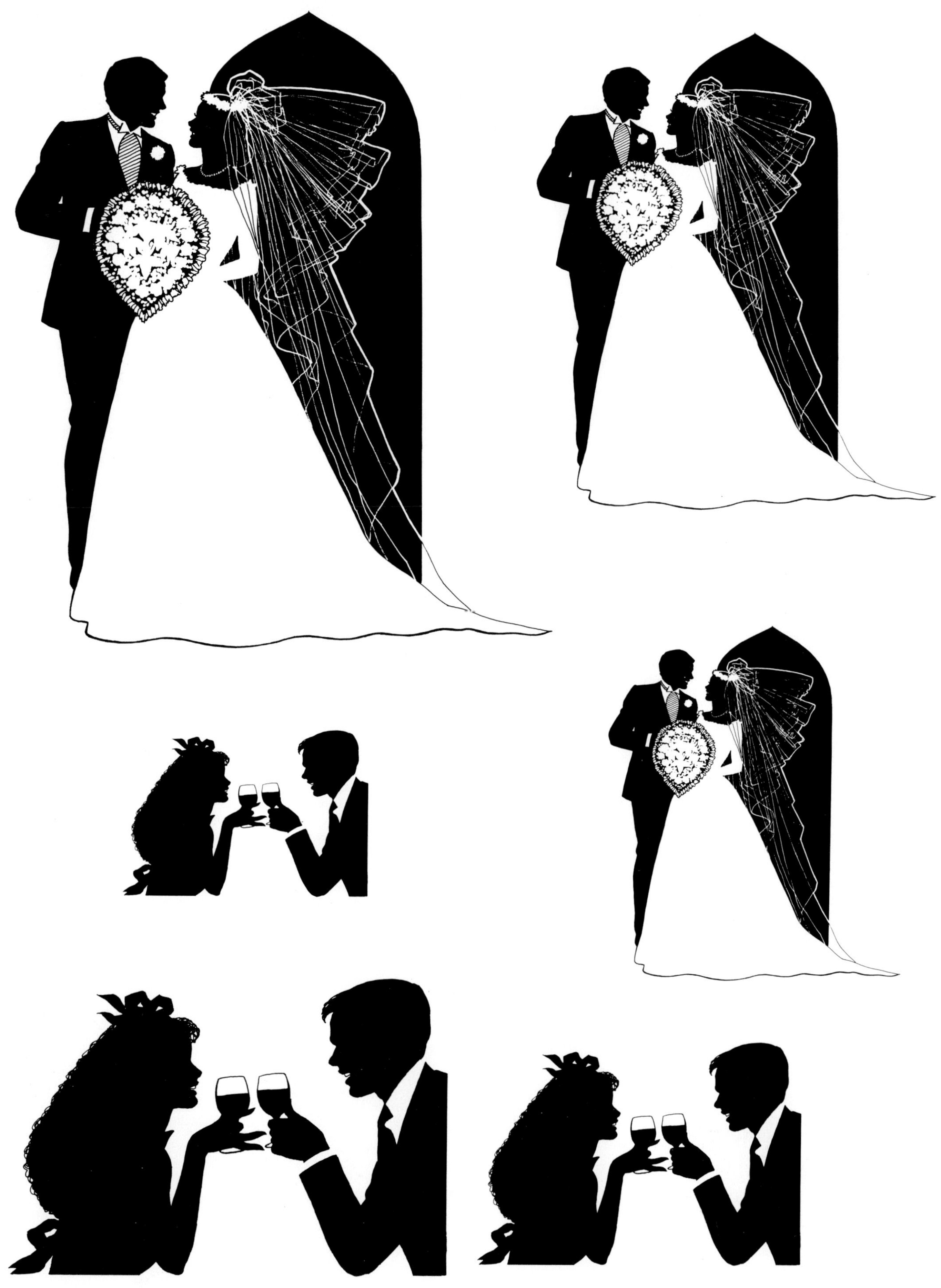

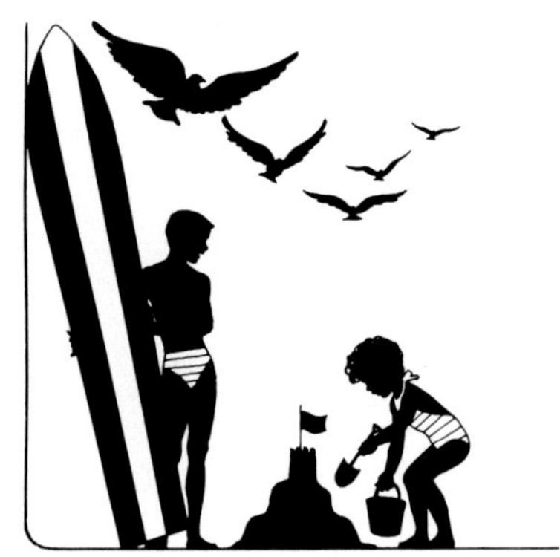
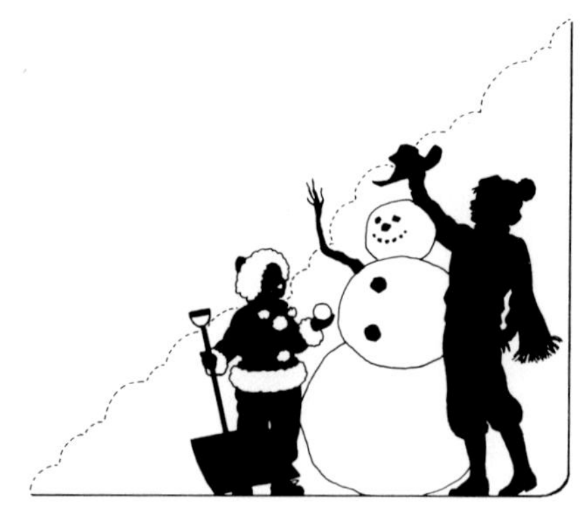
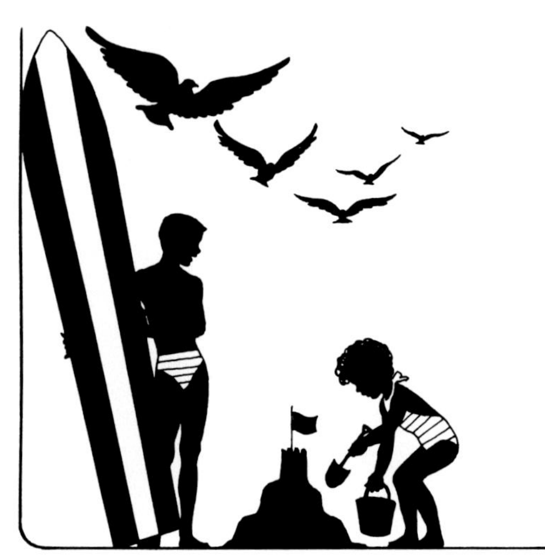
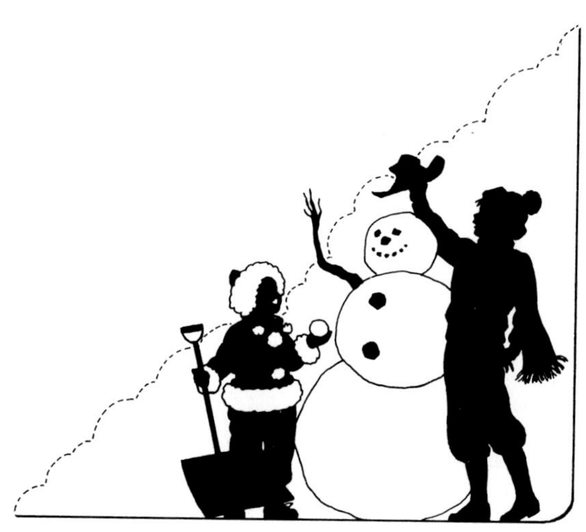
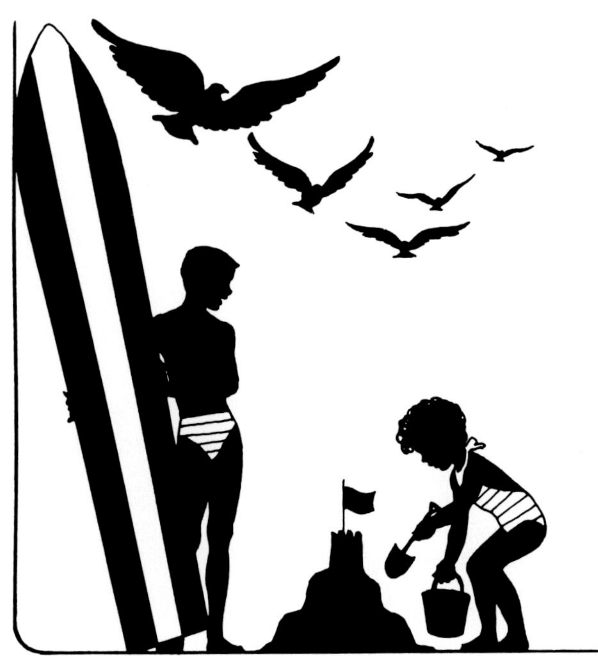
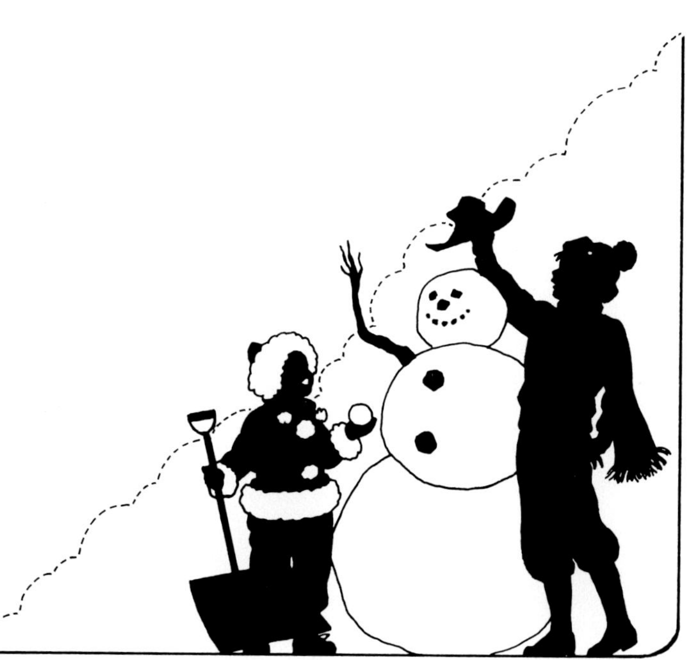

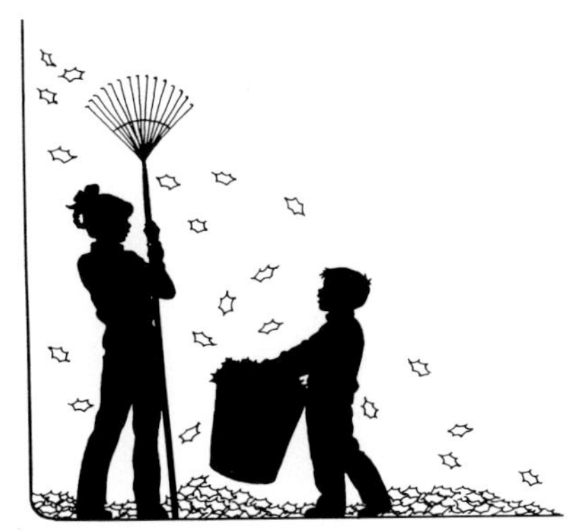
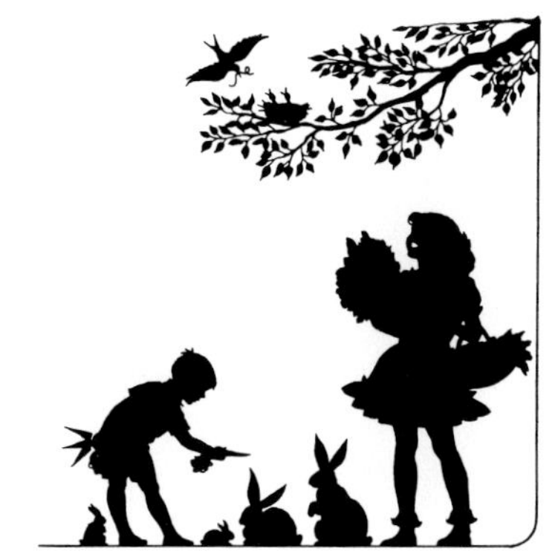
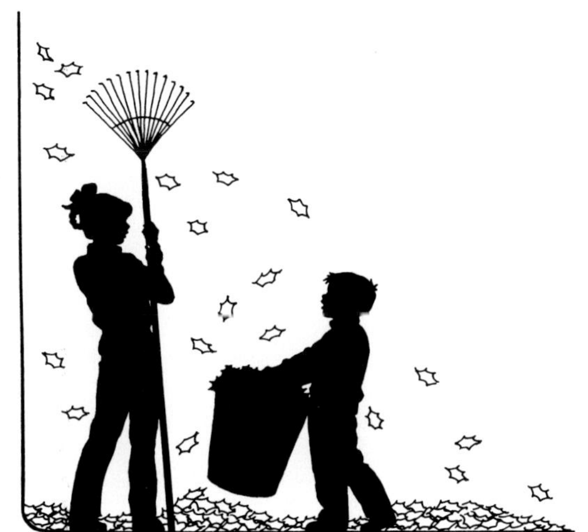
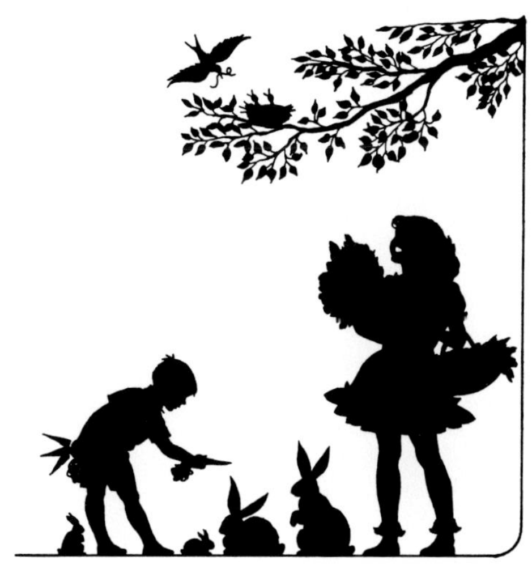
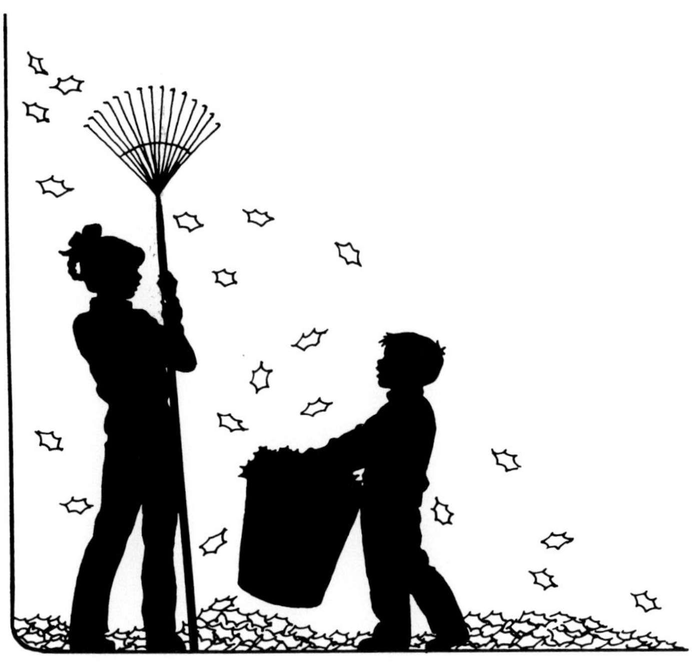
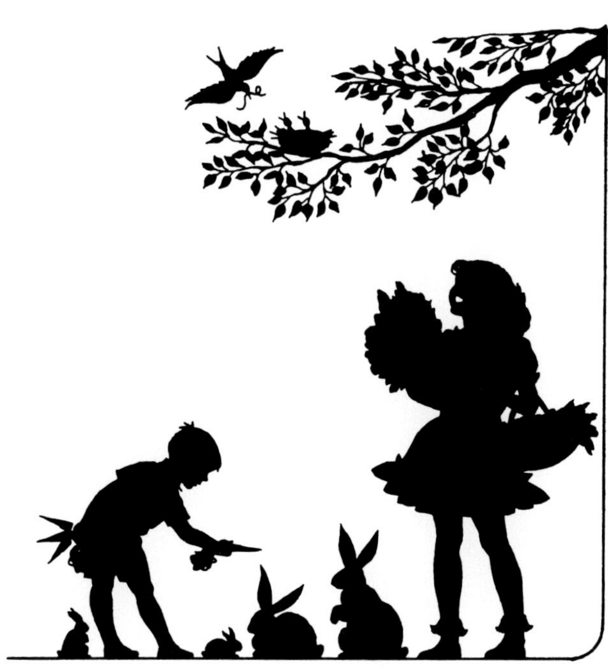

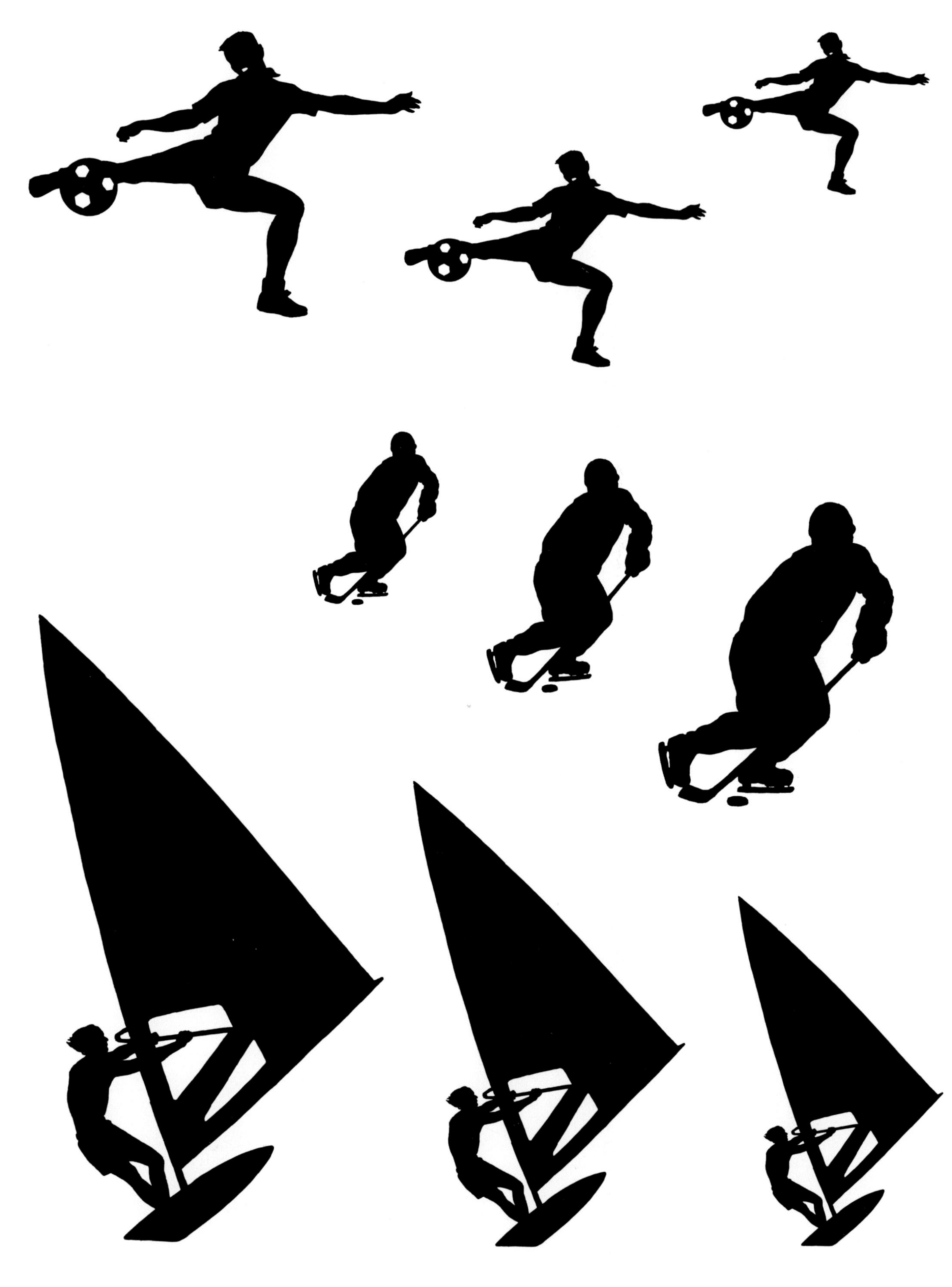

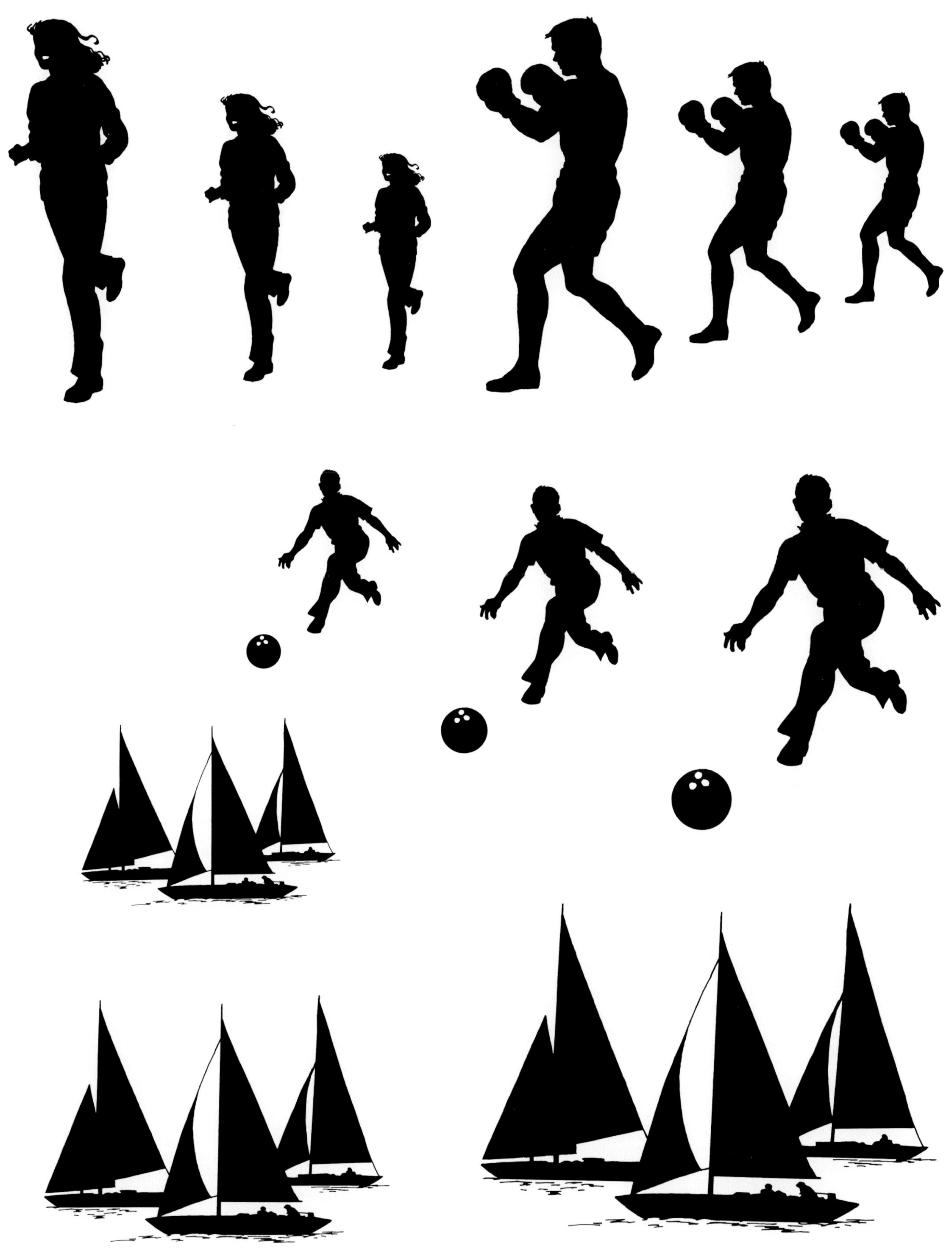

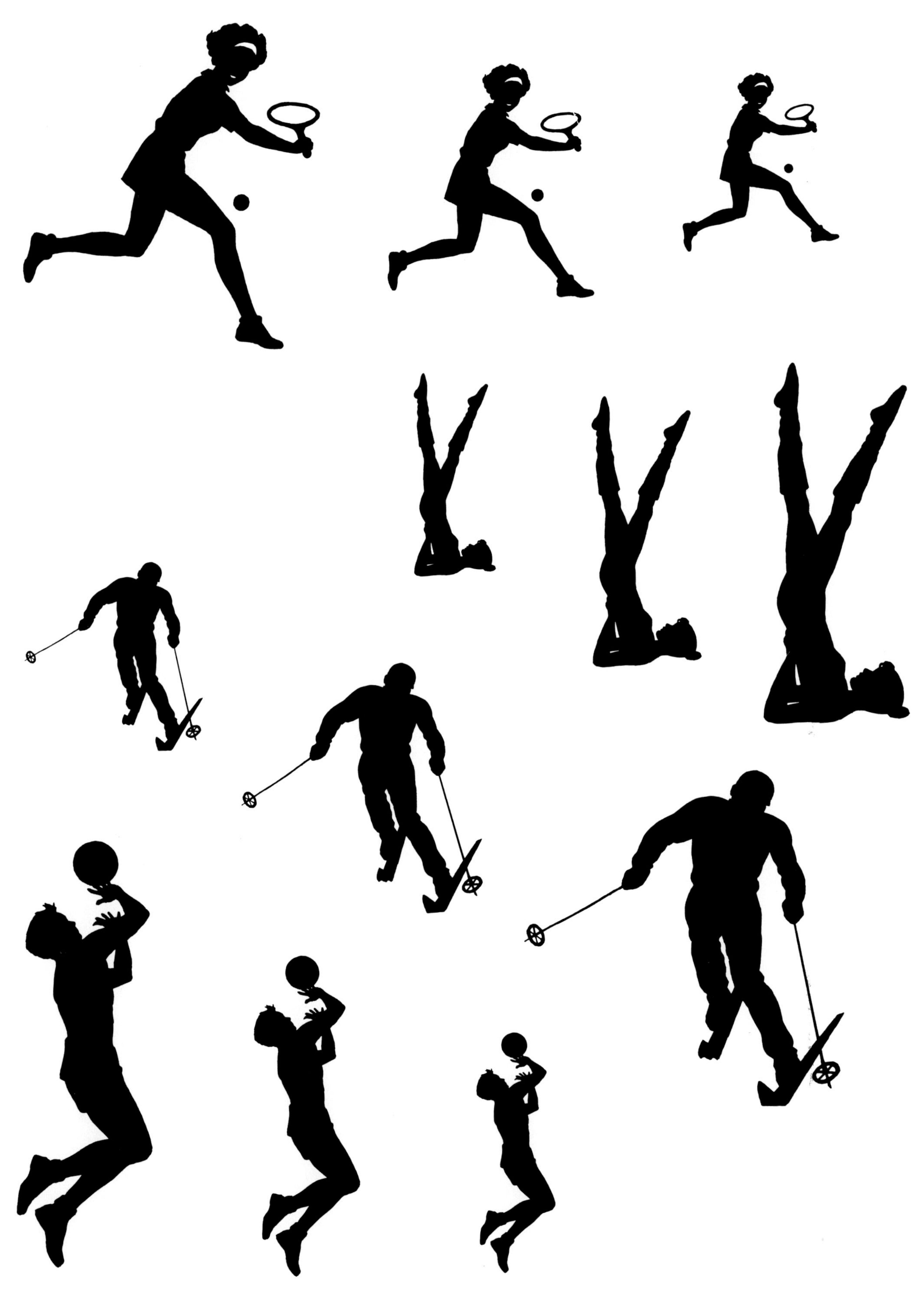

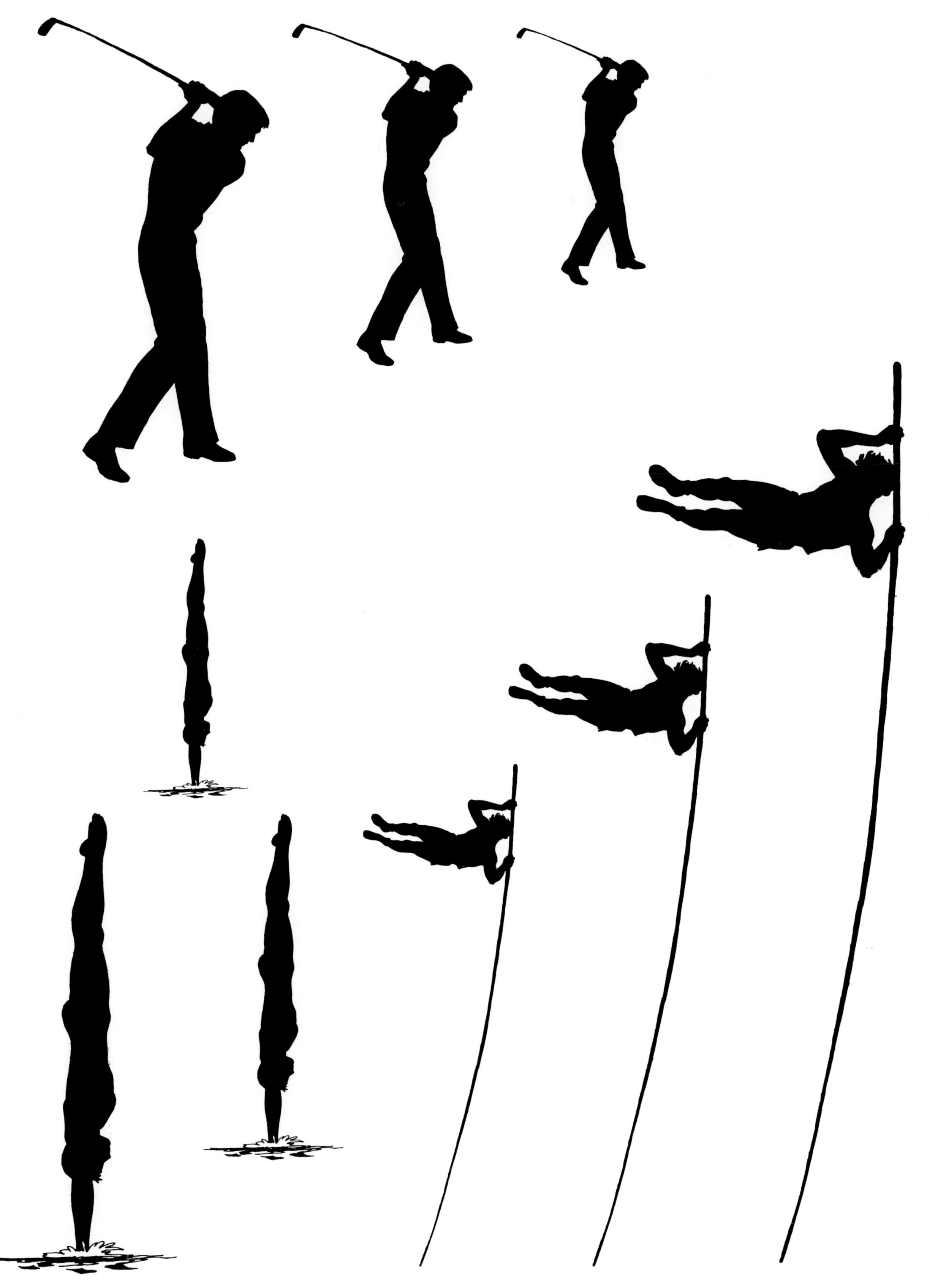

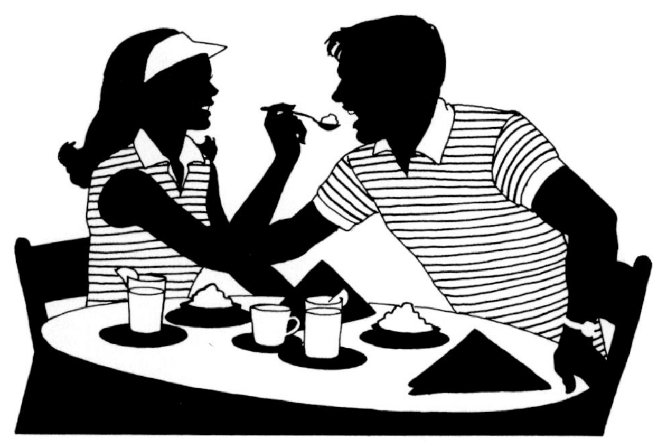

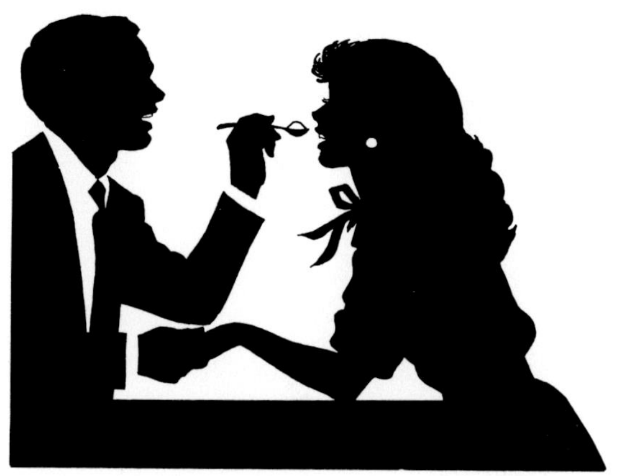

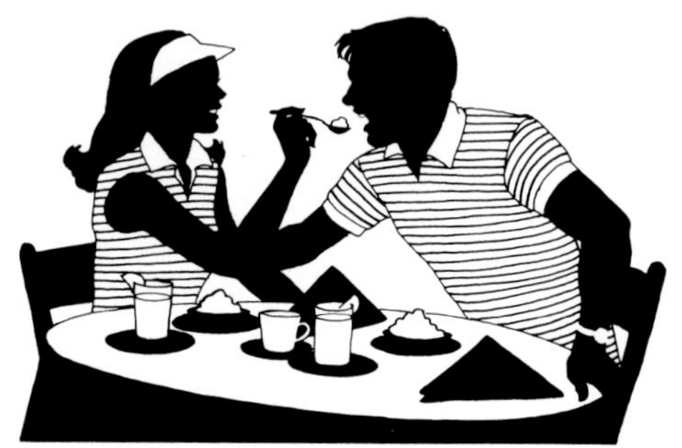

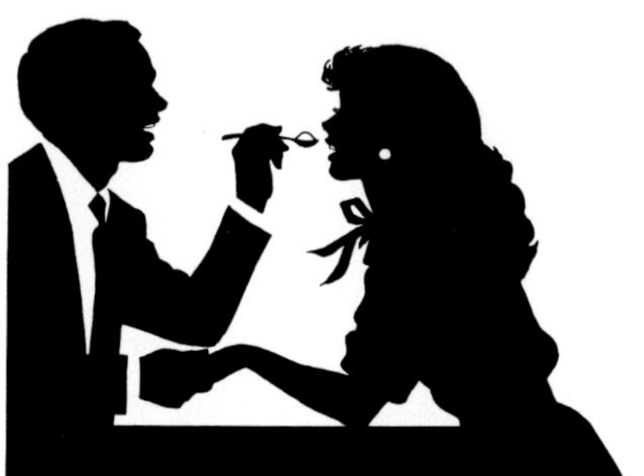

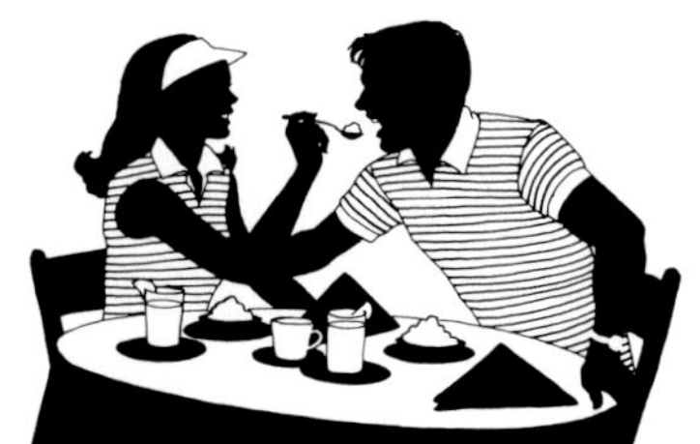

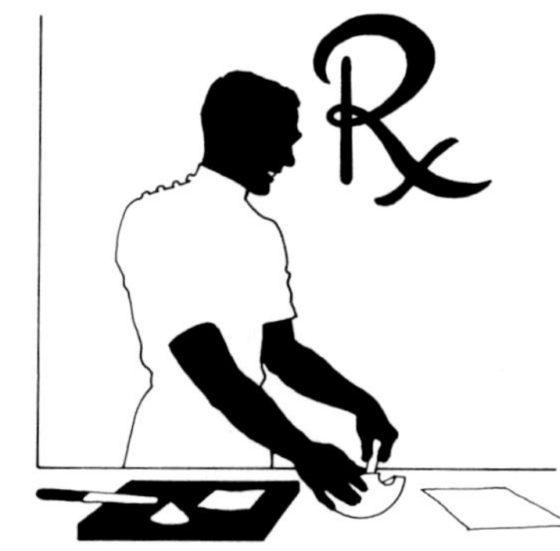
Rx

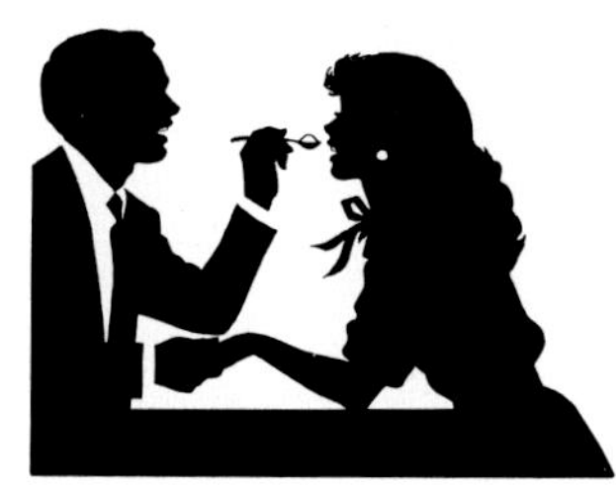

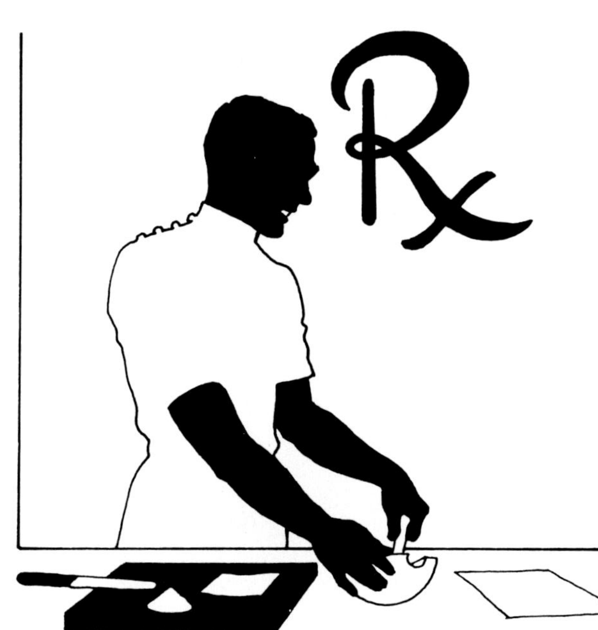
Rx

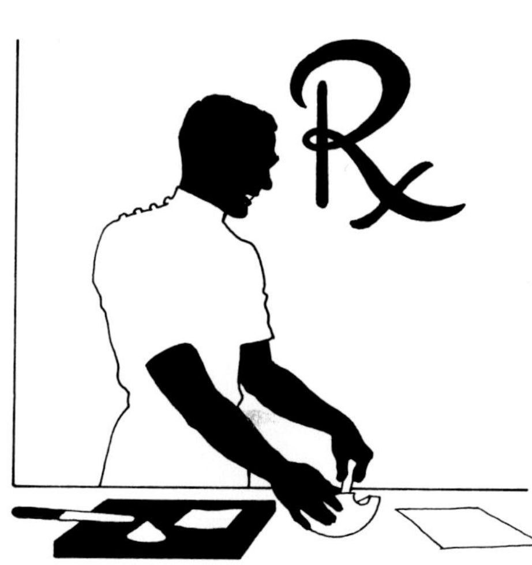
Rx

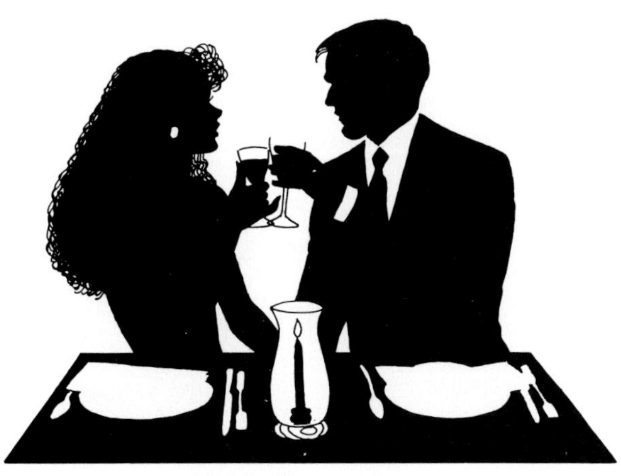
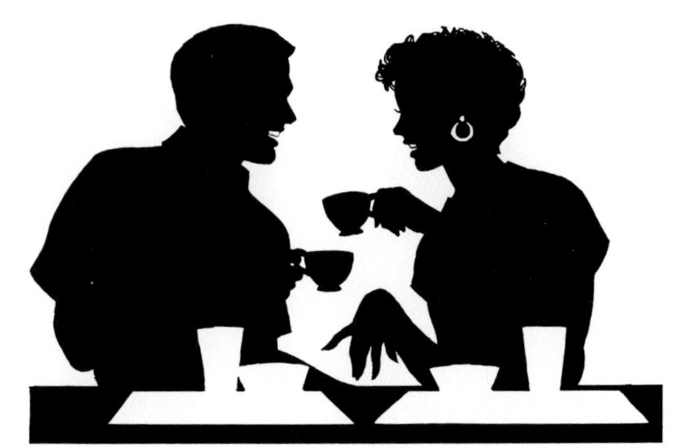
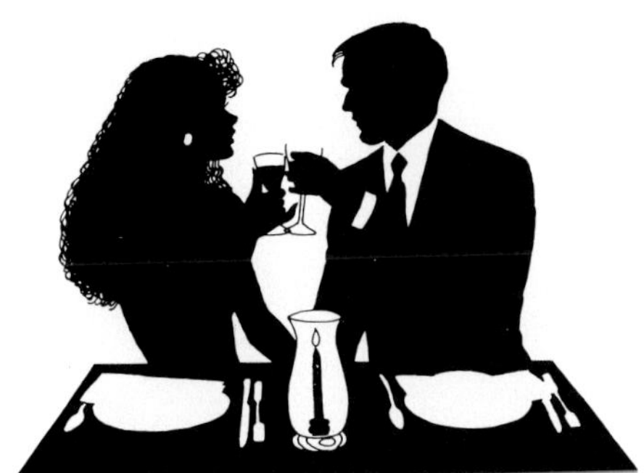
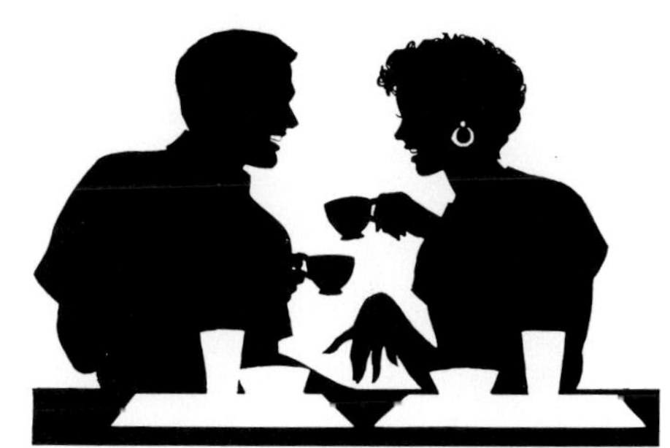
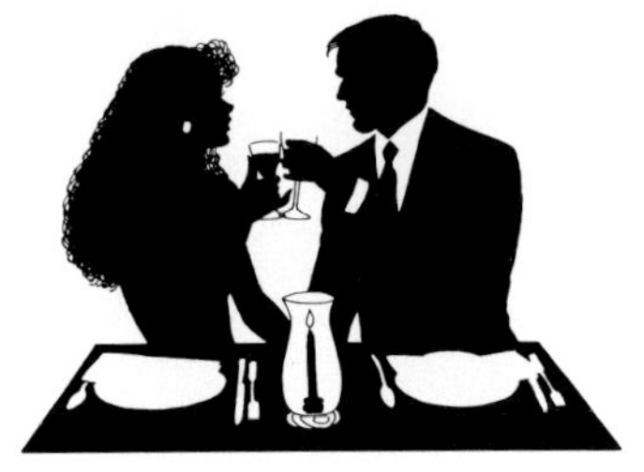
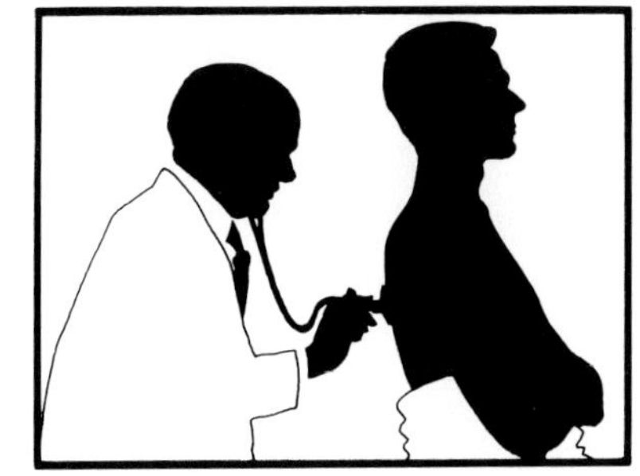
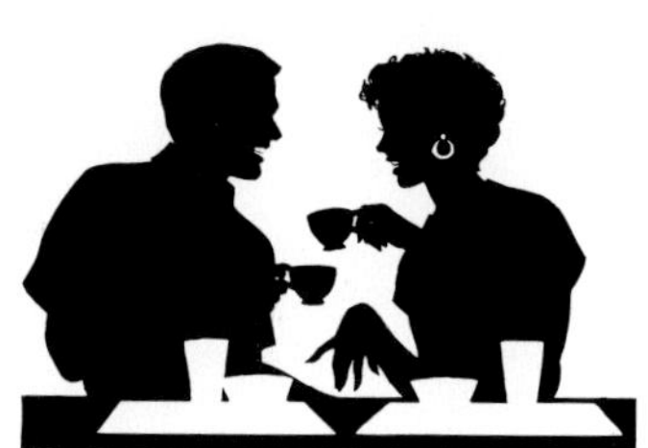
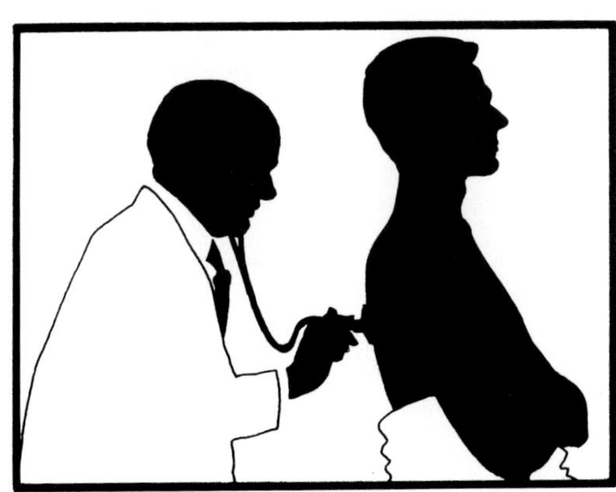
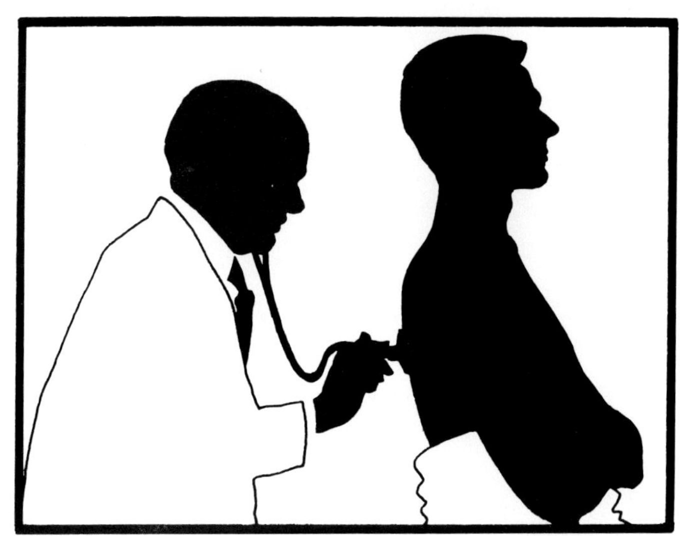

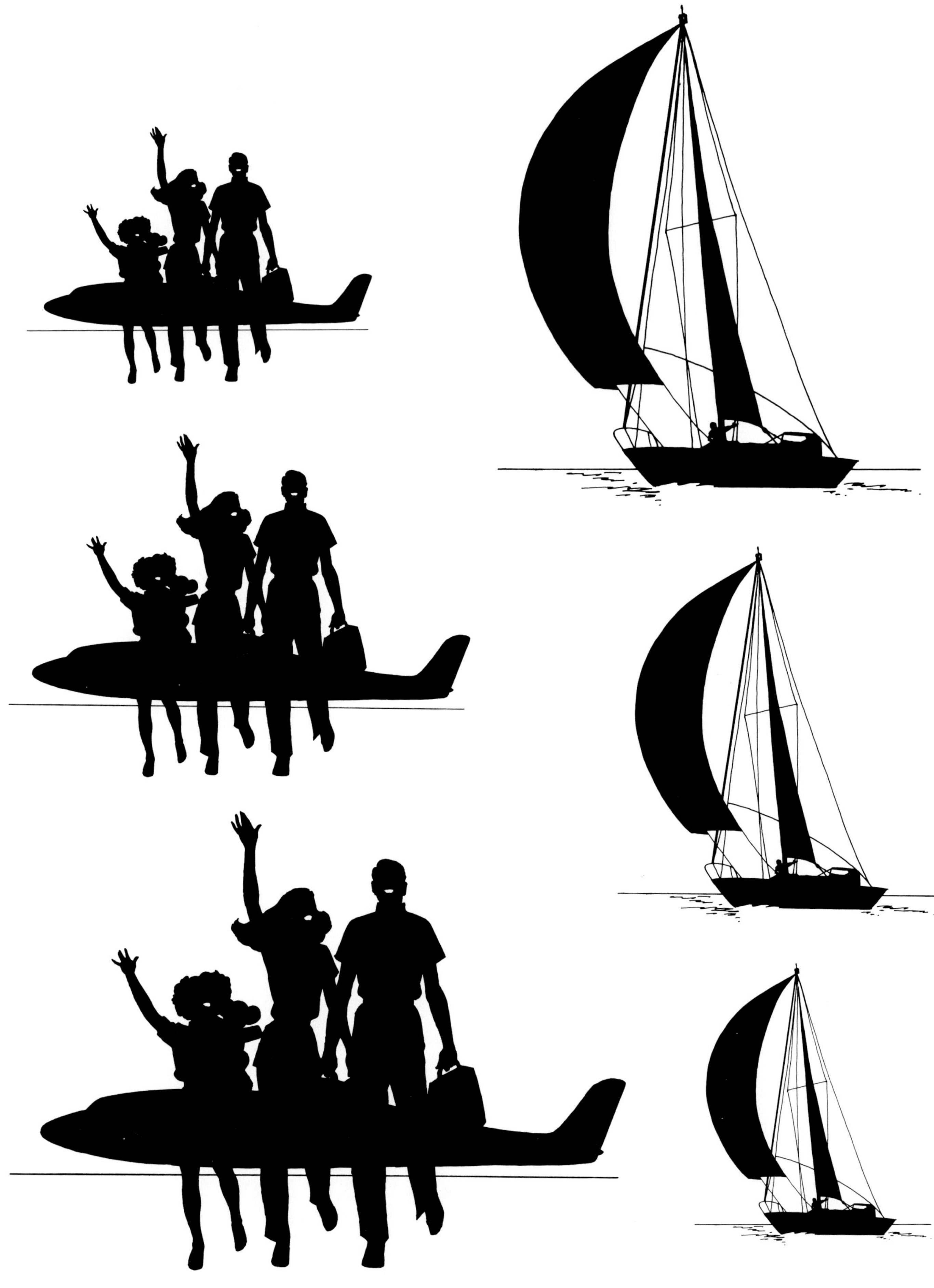

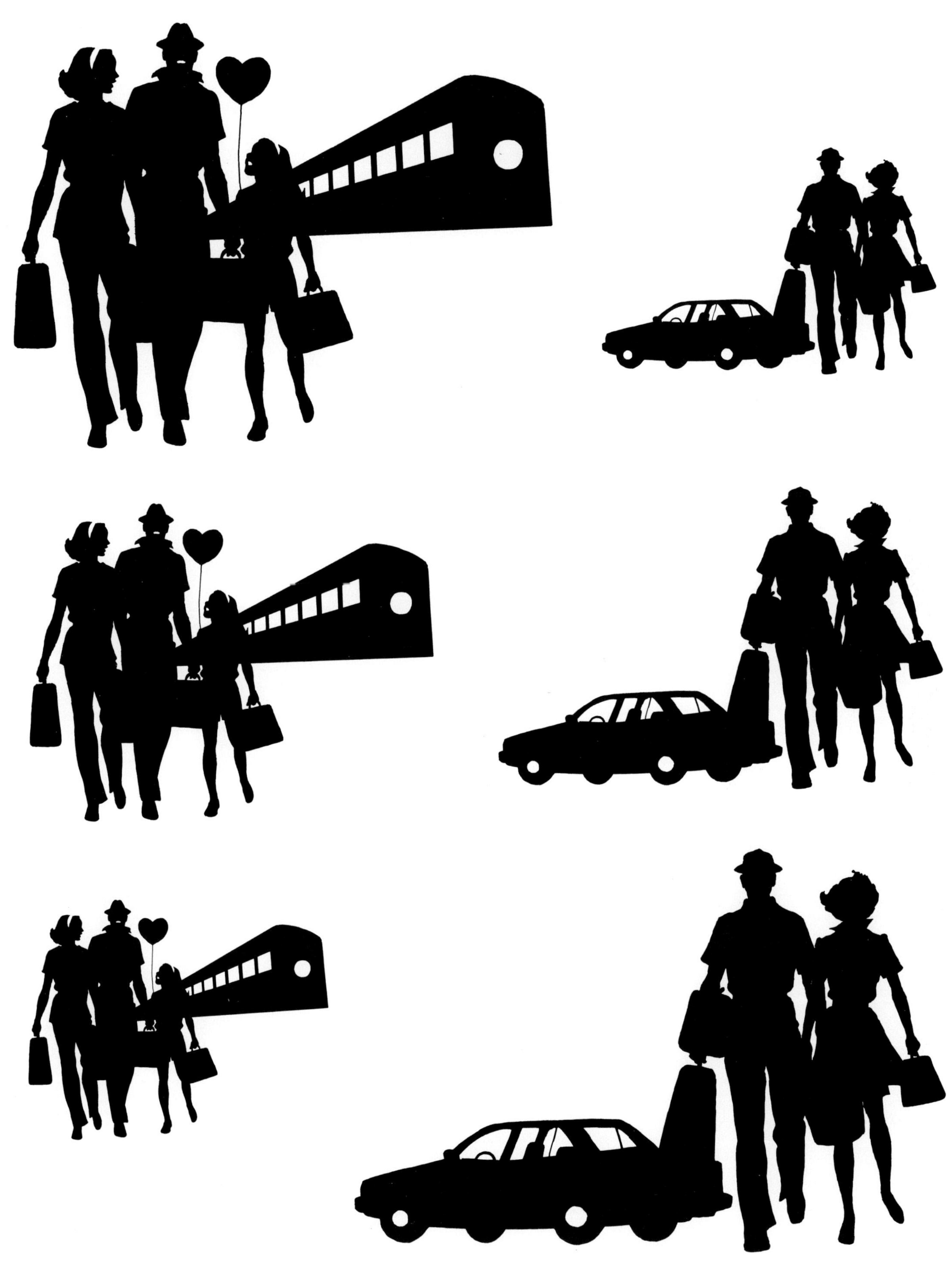

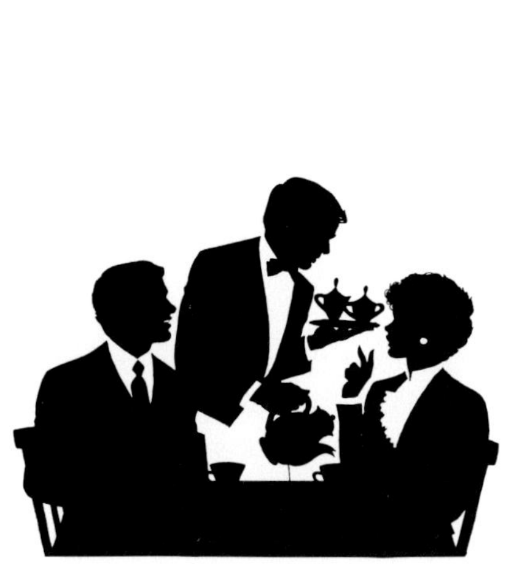
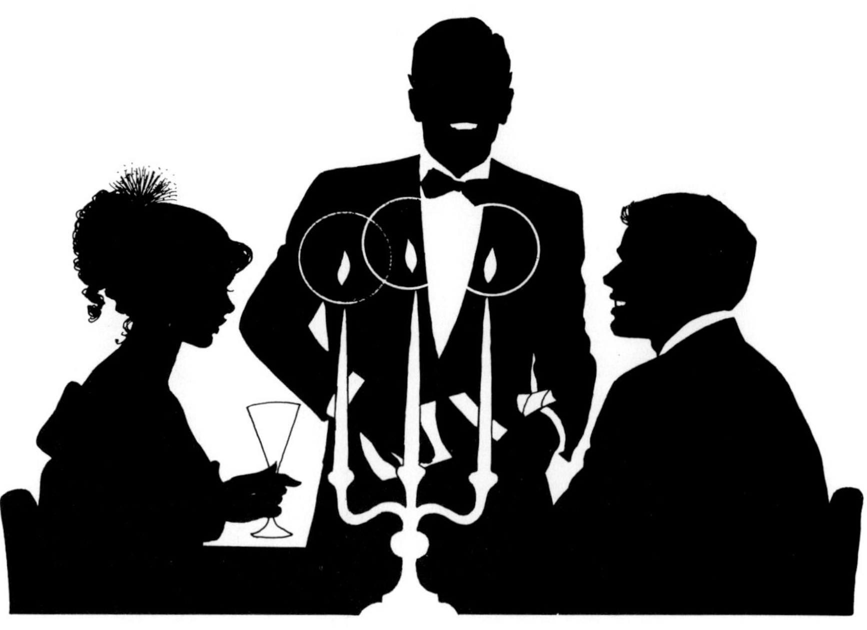
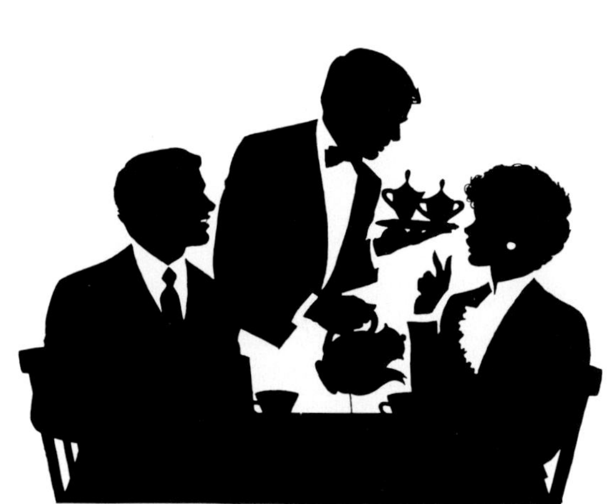
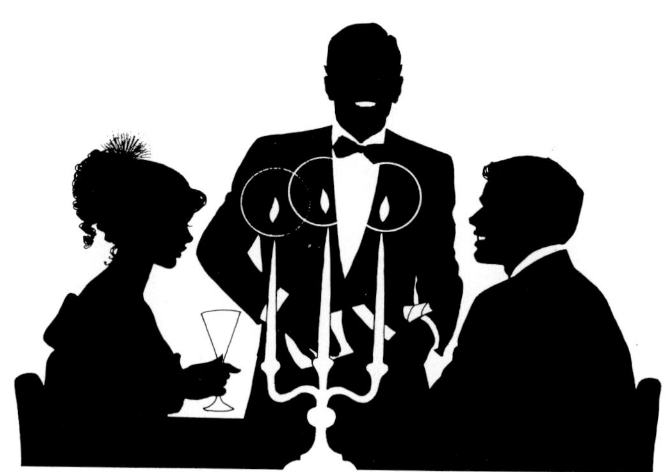
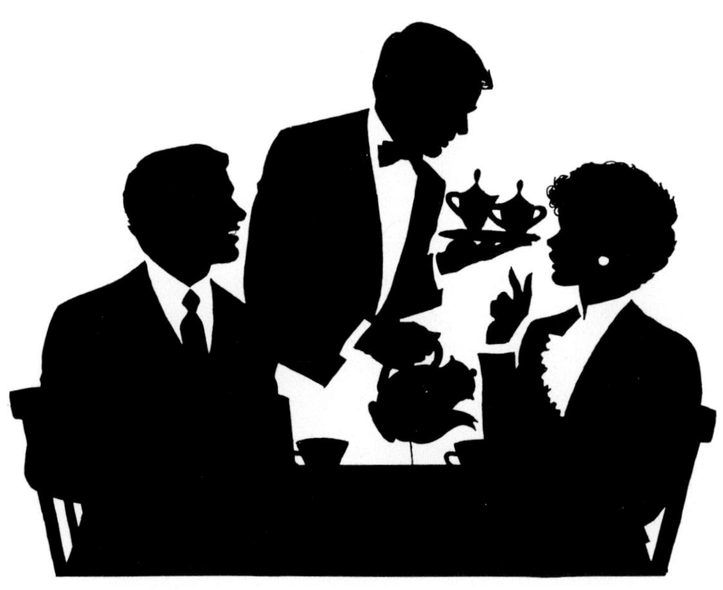
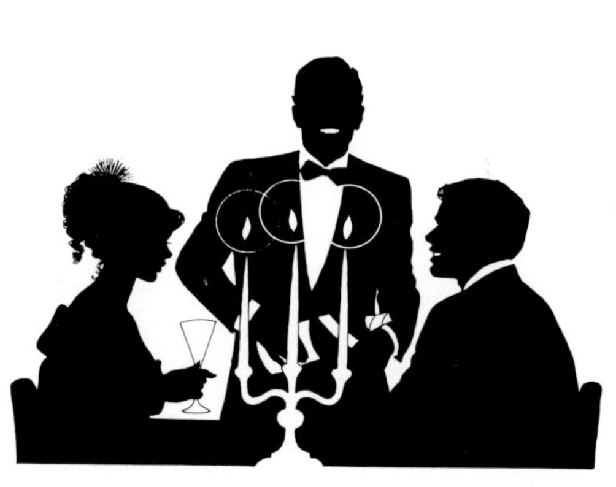

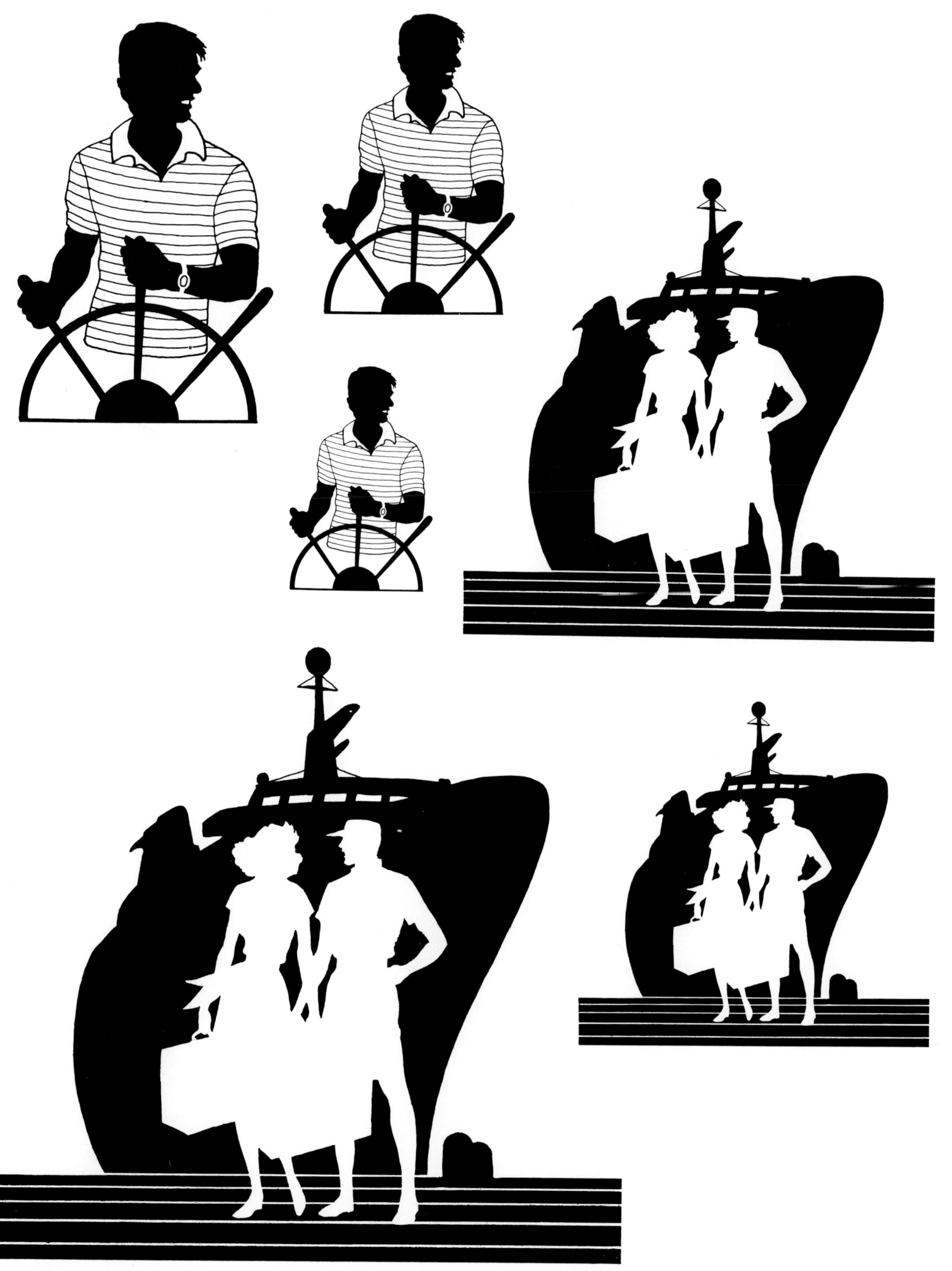

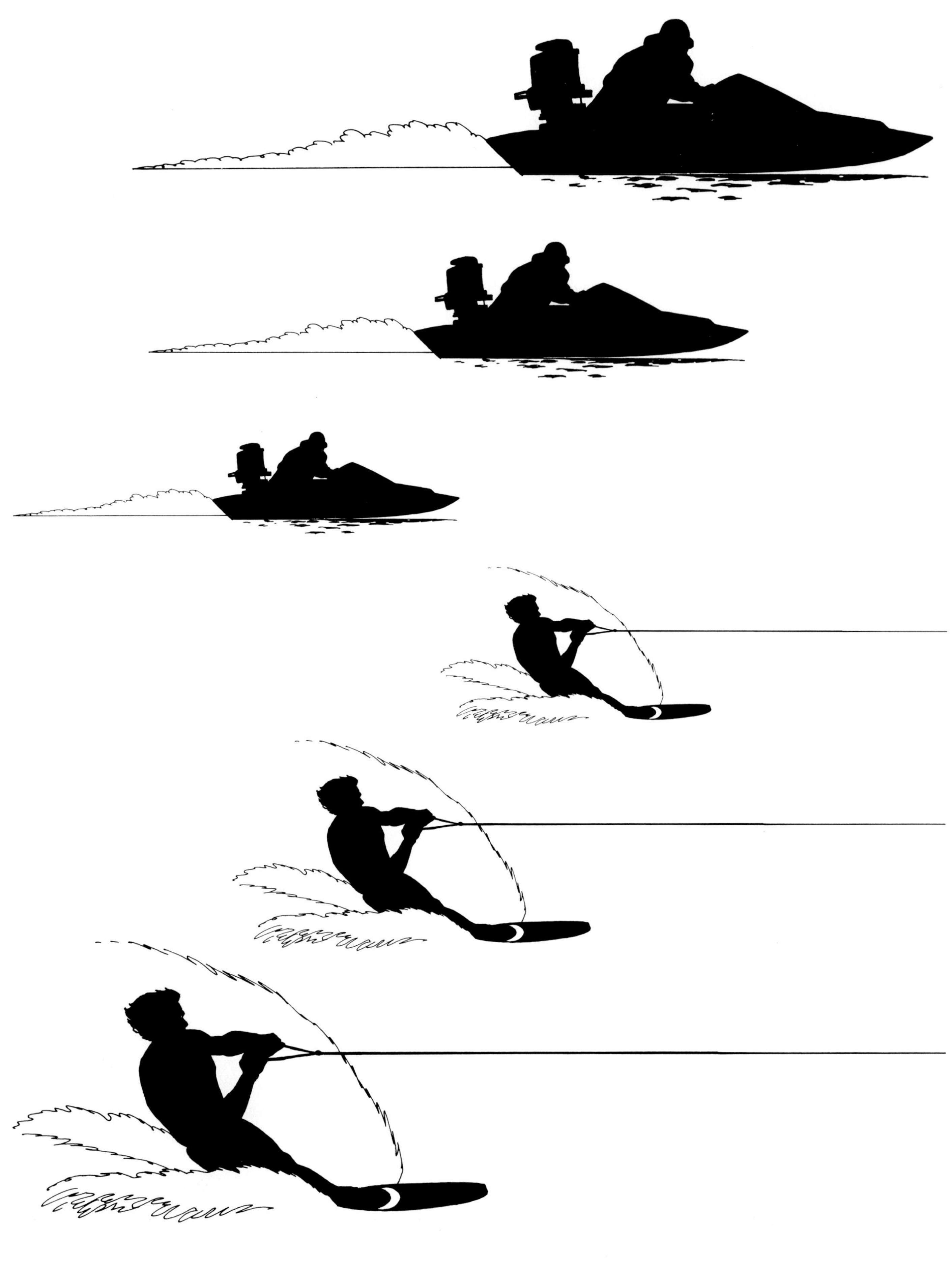

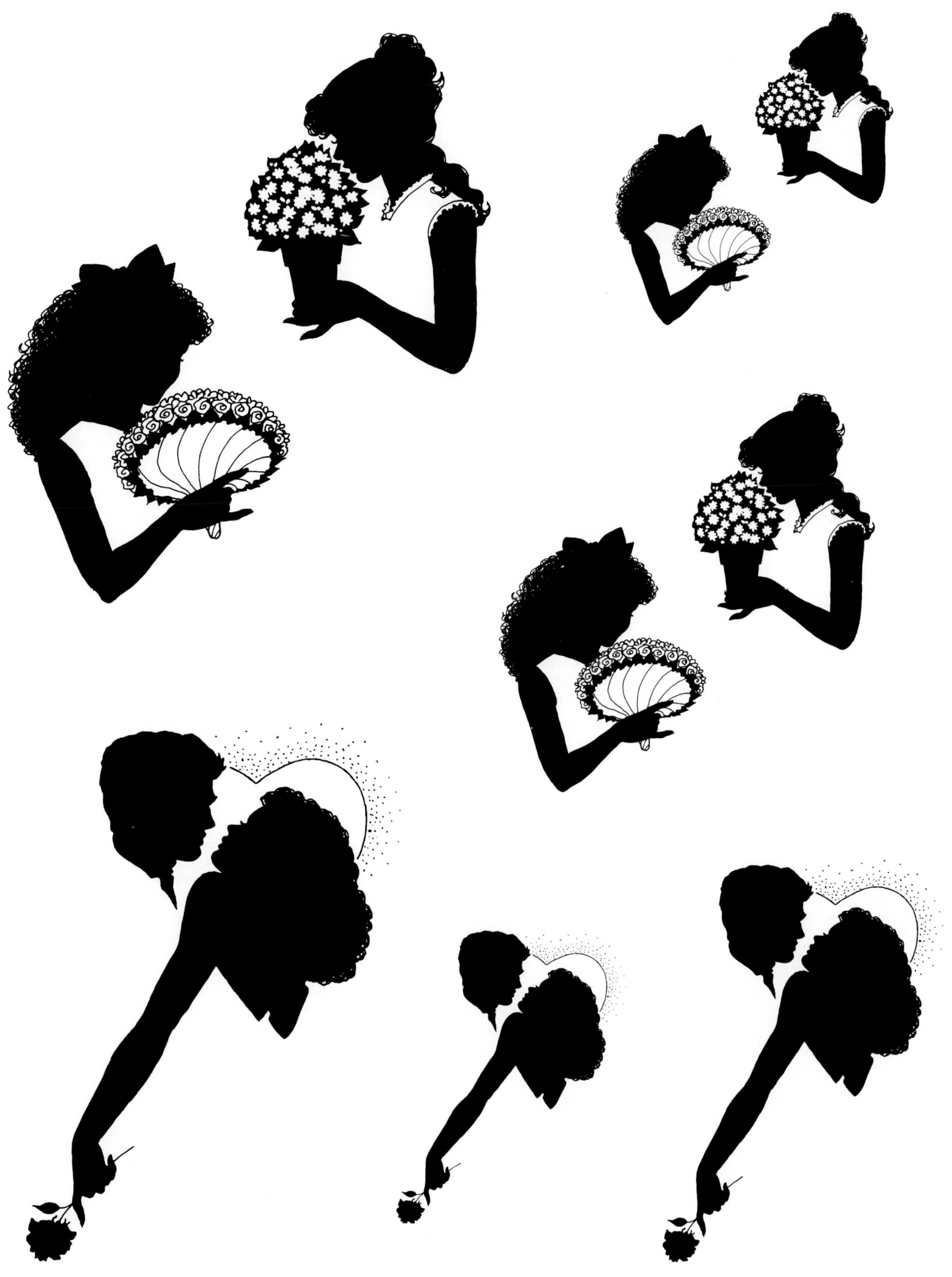

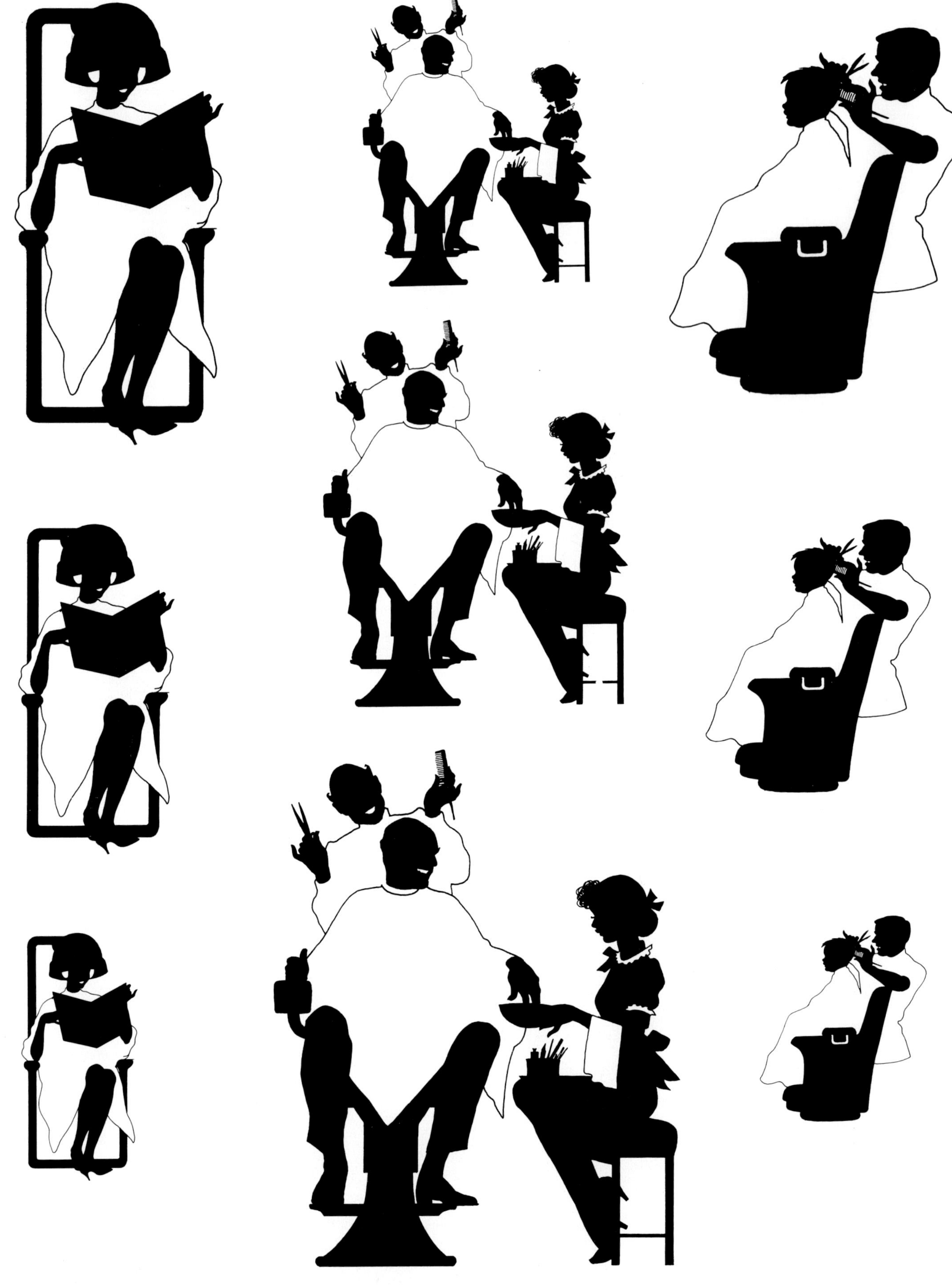